" MAITRES DE L'ART MODERNE "

RODIN

PAR

LÉONCE BÉNÉDITE
CONSERVATEUR DU MUSÉE NATIONAL DU LUXEMBOURG
ET DU MUSÉE RODIN

40 planches hors-texte
en héliogravure

F. RIEDER & Cie, ÉDITEURS
7, Place Saint-Sulpice, 7
PARIS
M.CM.XXVI

RODIN

CE VOLUME A ÉTÉ ACHEVÉ EN MARS M.CM.XXVI, LA GRAVURE DES PLANCHES PAR LA SOCIÉTÉ DE GRAVURE ET D'IMPRESSION D'ART A CACHAN, LE TEXTE PAR F. PAILLART, A ABBEVILLE (SOMME).

" MAITRES DE L'ART MODERNE "

RODIN

PAR

LÉONCE BÉNÉDITE
CONSERVATEUR DU MUSÉE NATIONAL DU LUXEMBOURG
ET DU MUSÉE RODIN

40 planches hors-texte
en héliogravure

F. RIEDER & Cie, ÉDITEURS
7, Place Saint-Sulpice, 7
PARIS
M.CM.XXVI

RODIN

RODIN est né le 12 novembre 1840, et non le 14, jour de son baptême, dates qu'il a souvent confondues, au nº 3 de la rue de l'Arbalète, non loin de la rue Mouffetard, entre la rue St-Jacques et les Gobelins, dans ce vieux quartier populeux et écarté de la rive Gauche qu'il se plut si longtemps, plus tard, à fréquenter et à habiter.

On lui avait donné les noms de François, Auguste, René, le second ayant été seul usité pour le nommer. Son père, Jean-Baptiste Rodin, était né à Yvetot et sa mère Marie Cheffer, à Landroffs, près Metz. Ce Parisien de naissance était donc d'origine normande et lorraine c'est-à-dire, des deux côtés, de souche bien française. Le père était un tout petit employé de la préfecture de police, un simple garçon de bureau aux appointements de 800 francs et sa femme quittait, pour l'épouser, sa place de femme de chambre. On le voit, cette belle figure de Rodin que nous avons connue avec tant de noblesse et de distinction native, était née dans un très humble foyer. Si pénétré qu'il ait pu être de sa valeur, il n'a jamais eu la physionomie, je ne dirai pas arrogante ou fanfaronne, mais même orgueilleuse ou fière qu'on voit à tant d'artistes qui jouissent d'une certaine réputation. La tenue était certainement imposante, et digne, ne fût-ce que par la singulière beauté de traits du visage, mais l'expression était généralement fine, souriante, aimable et les gestes très doux. Il n'avait de violences, — mais là, il en avait — qu'avec ses ouvriers et ses praticiens qu'il surmenait comme lui, desquels il exigeait beaucoup, surtout étant données les variations perpétuelles de ses idées. Rodin, du reste, se flattait d'être né « peuple » et d'être resté « peuple », c'est-à-dire d'être demeuré plus près de l'âme populaire, comme les grands imagiers des cathédrales, qu'il choisit parmi ses guides, et c'est peut-être, en effet, à ce fonds qu'il a puisé la sève forte et vigoureuse qui a renouvelé et rajeuni l'art.

La famille était pauvre, mais elle était très unie et l'éducation des enfants ne fut pas négligée. Ils furent élevés avec soin et dans des sentiments religieux particulièrement développés. Nous verrons plus loin quelles furent les conséquences des principes qui leur furent inculqués dès l'enfance. Rodin ne nous a pas laissé d'effigie de sa mère qui était, au souvenir des siens, d'une nature tendre et douce. Mais nous avons du statuaire, comme sa première œuvre connue, le buste de son père, aux traits accentués, au visage grave, qui correspond à ce que nous imaginons, d'après les lettres conservées par son fils, de ce caractère droit, ferme et même sévère. Les enfants, c'étaient la fille aînée, Marie-Louise, qu'on appelait Maria, la grande affection de la jeunesse d'Auguste, puis, venu deux ans après, Auguste lui-même.

L'instruction élémentaire fut donnée à l'enfant dans une école des Frères du voisinage, dans le quartier du Val-de-Grâce ; puis, quand il fut assez dégrossi, on l'expédia à Beauvais chez son oncle Alexandre, le frère de son père, qui était parvenu, comme instituteur libre, à se créer une situation assez prospère ; il avait fondé une institution qui était alors florissante et faisait même concurrence au collège de la ville. Rodin resta sous la direction de son oncle et avec son jeune cousin pour camarade, jusqu'à l'âge de quatorze ans. Il gardait une pensée reconnaissante à cet oncle Alexandre qu'il disait être un esprit d'une certaine culture, aimant les poètes et les vieux auteurs français ; cette première instruction laissa certainement des traces dans l'esprit du futur statuaire.

A ce moment, en 1854, on songea à lui faire prendre un métier. Il avait manifesté des goûts précoces pour le dessin. Il raconte que, tout jeune, aussi loin que remontaient ses souvenirs, il dessinait ; ses premiers modèles furent les sacs en papier, fabriqués avec des pages de livres illustrés, dans lesquels l'épicière, chez qui se fournissait sa mère, enveloppait ses pruneaux. Le Musée Rodin possède quelques-uns de ces bégaiements d'enfance que Rodin avait précieusement conservés. On songea donc à le diriger dans le sens d'une profession conforme à ses goûts. Il fut rappelé à Paris et on le fit inscrire aux cours de l'Ecole de Dessin et de Mathématiques, rue de l'Ecole de Médecine. C'était ce qu'on appelait alors la « petite Ecole », par rapport à la « Grande », l'école de la rue Bonaparte, l'Ecole des Beaux-Arts, à laquelle elle faisait peut-être quelque tort.

Cette maison porte aujourd'hui comme raison sociale un titre plus solennel : Ecole Nationale des Arts Décoratifs ; elle est restée célèbre par suite de l'enseignement donné par un pédagogue incomparable qui a formé deux ou trois générations successives d'artistes — constituant une pléïade unique : Fantin-Latour, Alphonse Legros, Ferdinand Gaillard, J. Dalou, J.-C. Cazin, Guillaume Régamey, Lhermitte, Oscar Roty, etc. Elle était dirigée par le peintre Hilaire Belloc, mais le professeur dans la section de dessin et de peinture était Horace Lecoq de Boisbaudran. Ce maître est bien connu aujourd'hui et sa méthode d'enseignement par l'éducation et l'entraînement de la mémoire, qui avait donné chez ses élèves des résultats si surprenants, est remise en honneur dans nos écoles et dans nos ateliers. Rodin ne reçut pas régulièrement ses conseils et ne fit point partie de son atelier privé, quai des Grands-Augustins, où furent admis Fantin-Latour et Legros, plus anciens que lui de quelques années. Mais ces souvenirs communs d'école créèrent plus tard des relations d'estime et d'amitié et, particulièrement entre Rodin et Legros, des liens d'intimité assez étroite. Il connut là, Lhermitte, Roty, Georges Bellenger, artiste bien ignoré à présent, que ses camarades, cependant, et Rodin tout le premier, appréciaient hautement comme un des mieux doués entre tous ; il s'était surtout lié avec Cazin et, comme il s'était dirigé dès le premier jour, vers la sculpture, les rapports de camaraderie avec Dalou étaient quotidiens. Si Rodin ne fut pas un disciple direct du « père Lecoq » comme on l'appelait familièrement, il subit néanmoins l'atmosphère morale de la maison, cette ruche pleine de féconde activité. Il se félicitait d'y avoir reçu les premiers encouragements, de son maître Faure. Il y fit de rapides progrès ; il se rappelait y avoir copié des modèles qui dataient de la fondation de l'Ecole, sous Louis XIV : c'étaient des sanguines d'après Boucher — et l'on sait qu'il goûta toujours beaucoup l'art du XVIIIe siècle. Il en prit peut-être le goût dès ce moment. Il passa bientôt dans la classe de dessin d'après la bosse où les élèves modelaient d'après l'antique. C'était la première fois qu'il voyait de la terre glaise. Quelle découverte et quelle joie ! « Il me sembla, disait-il, que je montais au ciel » ; il était dans « le ravissement ». Sa vocation de statuaire s'éveillait d'une façon manifeste.

Il allait, en même temps l'après-midi au Louvre copier les antiques et il suivait le soir, de cinq heures à huit heures, le cours de dessin, d'après le modèle vivant, de la Manufacture des Gobelins ; il avait également gardé beaucoup de reconnaissance à son professeur Lucas. Les deux modestes artistes, sans prévoir, assurément, le glorieux destin de leur élève, n'avaient pas douté de son avenir.

C'est à la Petite Ecole qu'il vit pour la première fois Carpeaux, à qui, dès son retour de Rome, on avait accordé un poste de répétiteur à l'Ecole. Il avait, dès lors, sans comprendre encore la manière de ce grand artiste, une vive admiration pour l'homme envers lequel, dit-il, les plus turbulents étaient pleins de respect. Lorsqu'on découvrit le groupe de la *Danse*, sur la façade de l'Opéra, — Rodin travaillait alors chez Carrier-Belleuse —, il se dépêcha, la journée finie, de se rendre, avec un camarade, sur les marches du théâtre, pour crier son admiration au milieu des vociférations d'une foule hostile et scandalisée. Un peu plus tard, au milieu d'autres influences momentanées que nous aurons à constater, celle de Carpeaux se fit sentir avec bonheur sur son jeune talent.

On n'avait jusqu'alors prévu pour le jeune homme qu'une profession d'artisan dans les industries d'ordre artistique et nullement une carrière d'artiste. Mais il n'y avait plus rien à faire, il était intoxiqué et il manifestait avec instance le désire de poursuivre des études de sculpture. Il atteignait, du reste, ses dix-sept ans : il était temps de prendre un parti. Une amie de la famille qui s'intéressait au jeune homme, proposa de demander conseil au sculpteur Maindron à qui elle s'offrait de le recommander. Le nom de ce statuaire du petit milieu romantique est demeuré célèbre grâce à sa *Velléda*, du Jardin du Luxembourg, populaire parmi les générations d'étudiants : Rodin se rendit à son atelier, un carton de dessins sous le bras ; l'examen fut sympathique, le verdict favorable. Rodin se présenta donc à l'Ecole des Beaux-Arts, il s'y présenta même trois fois. Trois fois il y fut refusé. Pareil accident était arrivé antérieurement à son camarade Fantin. On n'avait pas la même compréhension des formes à la Grande et à la « petite Ecole » et ce n'était guère une recommandation près de l'une que de provenir de l'autre.

Ces insuccès ne faisaient pas le compte de la famille. On intima au jeune homme d'avoir à trouver un gagne-pain qui lui permît d'apporter son salaire au foyer familial. Car la situation y était des plus médiocres et, en 1861, le père atteint de graves infirmités, était mis d'office à la retraite. Rodin fait donc, durant cinq ou six années, tous les métiers qui se rapportaient à sa profession de sculpteur. Il entre chez divers ornemanistes, Biais, Cruchet ou Legrain, et il s'y distingue par une dextérité de main exceptionnelle qui faisait l'admiration de ses camarades ! Il dit lui-même à Dujardin-Beaumetz, dans ses *Entretiens* : « J'avais dans ma jeunesse une main d'une prodigieuse vitesse, comme Carrier-Belleuse et Dalou. » Il accepte toutes les besognes, sachant partout en tirer profit, avec son esprit observateur, curieux, attentif, passionné au travail, comme il fut toute sa vie. Il est tour à tour ornemaniste, mouleur, praticien, ciseleur. « La nécessité de vivre, dit-il à Dujardin-Beaumetz, m'a fait apprendre toutes les parties de mon métier. J'ai fait la mise au point, dégrossi des marbres, des pierres, des ornements, des bijoux Cela m'a fait un apprentissage déguisé. J'ai fait successivement des boucles d'oreilles chez un orfèvre, tantôt des figures décoratives aux bosses de trois mètres et j'ai ainsi appris toutes les parties du métier... [1]. » Il attire la sympathie des vieux ouvriers qui l'entourent ; les bons conseils qu'il en reçut ne furent jamais oubliés.

Il en est un, entre autres, de qui Rodin avait gardé un souvenir particulièrement reconnaissant. C'était un de ces vieux artisans d'autrefois qui aimaient et raisonnaient leur métier. Il s'appelait Constant Simon. Rodin tenait à ce que ce nom ne manquât pas d'être rappelé, car il disait qu'il lui devait la plus importante leçon qu'il ait jamais reçue de sa vie. Un jour, comme il voyait le jeune homme

1. Dujardin-Beaumetz. *Entretiens avec Rodin.*

occupé à exécuter une guirlande de feuillages, il observa qu'il disposait ses feuilles sur le même plan. « Souviens-toi, lui dit-il, de ce que je vais te dire. Quand tu sculpteras désormais, ne vois jamais les formes en étendue, mais en profondeur. Ne considère jamais une surface que comme l'extrémité d'un volume, comme la pointe plus ou moins large qu'il dirige vers toi. C'est ainsi que tu acquerras la *science du modelé.* » Cette « science du modelé » c'est, en effet, la base de toute la plastique de Rodin.

Notre jeune artiste aimait également à rappeler qu'il avait reçu à cette même date, les encouragements et les conseils du sculpteur Klagmann [1]. Jules Klagmann, dont le nom est par trop oublié, est cependant une physionomie originale de son temps, bien qu'il n'occupe qu'une place de second rang dans l'Ecole. Il appartenait, comme Maindron, au petit groupe de statuaires formés en dehors des doctrines académiques et très pénétrés par les idées du romantisme. Il modelait de petites figures en bronze par lesquelles il manifestait son culte pour les grandes divinités littéraires du romantisme : Dante, Shakespeare et Lord Byron. On lui doit la Fontaine Louvois, l'aménagement de la Fontaine Médicis et des travaux de restauration dans la décoration du Palais du Luxembourg. Il est assez piquant de constater, à l'origine de la carrière de Rodin, cette sorte de tutelle de deux des principaux sculpteurs romantiques. Plus tard, avec Barye et Carrier-Belleuse qu'il adoptera comme maîtres, il suivra la même orientation. Rodin, du reste, préparé sans doute par l'oncle Alexandre, est très sensible aux poètes : il est très imprégné d'eux, particulièrement d'Alfred de Musset, dont il se plaît à transposer les *Nuits* en croquis divers.

A cette date, 1863, se produit un incident tout à fait inat-

1. Klagmann (Jean-Aristide-Jules) né à Paris le 1er avril 1810, mort le 18 janvier 1867.

tendu dans la biographie de l'artiste. Rodin semble vouloir se consacrer à la vie religieuse. Sa sœur, Maria, soit en raison d'un zèle pieux, causé par l'éducation qu'elle avait reçue, soit, plutôt, pour d'autres motifs plus intimes, venait de prendre le voile, l'année précédente, et, minée par une lente maladie ou quelque chagrin secret, elle mourait en décembre 1862.

Rodin conçut de cette mort une peine extrême. Cette sœur avait été l'amie de toute son enfance et de toute sa jeunesse, la confidente de ses premières ambitions. Cette nature, qui eut toujours besoin d'être entourée d'affection, portait à cette sœur la plus vive tendresse. On les voit, côte à côte, sur un vieux daguerréotype, comme deux jumeaux. De désespoir, Rodin à son tour, entra dans les ordres. Cette détermination peut s'expliquer également par son éducation première. Il se fit donc admettre chez les Eudistes, dont le couvent était établi rue St-Jacques ; il porta la soutane cinq ou six mois. Dans cette congrégation, bien que les néophytes ne fussent astreints à aucun vœu, Rodin n'était guère fait, avec sa nature passionnée mais foncièrement active et laborieuse, pour se soumettre à une vie purement contemplative. Le Supérieur de l'Ordre, le Père Aymard, homme de conscience et d'esprit, dont Rodin révérait le souvenir, le comprit immédiatement, car il lui installa un atelier où le jeune novice exécuta sans tarder le buste de ce prêtre intelligent et bienveillant. Le travail pansa vite sa plaie. Quand le père Aymard vit le résultat que, sans doute, il escomptait, il renvoya avec douceur dans ses foyers ce lévite qui ne semblait guère prédestiné à la vie religieuse. « Mon ami, lui dit-il, vous n'êtes pas fait pour rester ici, allez travailler. »

Rodin suivit le conseil, mais il ne rentra pas dans sa famille. Il connut, peu après sa sortie du couvent, une jeune Champenoise, jolie, simple et bonne, embauchée à Paris dans quelque atelier de fleurs et de plumes, Rose Beuret, qui fut son premier modèle, et resta pendant plus d'un demi-siècle la compagne fidèle du maître, eut l'orgueil légitime de porter à la fin son nom et dort son dernier sommeil près de lui, à Meudon, sous la garde du Penseur. Il se mit, dès ce moment, en ménage avec elle.

Cette année 1864, dans laquelle Rodin se lance dans la vie, est à retenir d'autre part, parce qu'elle marque dans sa carrière comme dans sa biographie, une nouvelle étape. C'est à cette date qu'on peut fixer les premiers rapports de Rodin avec les deux artistes qu'on lui donne généralement comme maîtres, c'est-à-dire Barye et Carrier-Belleuse. A vrai dire, c'est Rodin lui-même qui les a ainsi qualifiés, comme on peut le constater dans les livrets des premiers salons où il exposait. Mais c'était uniquement pour se conformer à l'usage et faire patronner son nom par l'autorité de maîtres réputés. Car, en réalité, il approcha peu Barye, fort distant par nature et ne fut guère son élève que parce qu'il suivait ses cours au Museum. Mais il était lié avec son fils et tous deux avaient trouvé le moyen, pour échapper au milieu d'amateurs qui suivaient le cours dans la bibliothèque, de s'installer dans un sous-sol, où on leur laissait emporter des amphithéâtres, des membres d'animaux qu'ils étudiaient avec acharnement. « Le grand Barye venait nous voir, dit-il. Il regardait ce que nous avions fait et s'en allait, la plupart du temps sans avoir rien dit. Mais c'est tout de même de lui que j'ai le plus appris. Peut-être n'étions-nous pas assez forts pour l'intéresser. En tout cas nous étions trop jeunes pour le comprendre[1]. »

Rodin gardait une admiration profonde pour le grand statuaire qui a renouvelé et comme recréé la sculpture d'animaux ; mais à cette date, il le remarque lui-même, il était peu apte à sentir la grandeur et l'austérité de ses enseignements. Ces enseignements, d'ailleurs, étaient contre-

1. Dujardin-Beaumetz, p. 113.

balancés par ceux qu'il recevait d'autre part. A ce moment il était passionné par l'étude des animaux ou, du moins, du cheval, et il allait dessiner et peindre au marché aux chevaux, Boulevard St-Marcel, sans craindre les piétinements et les bousculades. De cette époque datent nombre de croquis de jockeys en galops éperdus sur le cou de leur bête et ces chevauchées de centaures et de centauresses que nous retrouverons beaucoup plus tard, jusque sur la Porte de l'Enfer. Ne pensa-t-il pas, ultérieurement, au grand maître animalier lorsqu'il exécuta cette petite figure du *Lion qui pleure,* couché sur les armes et la devise de la famille de Montgomery, à laquelle appartenait Mme Edmond Turquet, femme du sous-secrétaire d'État qui commanda à Rodin *la Porte de l'Enfer,* figurine que Rodin avait conçue comme une sorte de sujet tumulaire ?

Quant à Carrier-Belleuse [1], il a joué un rôle important dans la jeunesse du maître. Il passait alors pour le grand décorateur de l'époque. Il fut le Clodion du Second Empire, de même que Chaplin en fut le Boucher, alors que la cour impériale se complaisait à l'imitation des modes Pompadour. Rodin l'appréciait, il trouvait qu'il avait « quelque chose du beau sang du XVIIIe siècle », que ses esquisses étaient admirables, si, à l'exécution, elles se refroidissaient. C'est à ce titre que Carrier Belleuse fut placé à la tête des travaux de la Manufacture de Sèvres. Rodin entra dans son atelier en cette année 1864, après un passage momentané auprès de Chapu ; il y resta jusqu'en 1871 et nous verrons qu'il suivit même son maître en Belgique. Il le retrouva plus tard lorsque, de retour à Paris, il alla travailler à la Manufacture de Sèvres.

Il n'est donc pas surprenant que ce contact prolongé ait exercé quelque action sur la manière de Rodin ou, du moins,

1. Carrier-Belleuse (Ernest), né à Anizy le 12 juin 1824, mort à Sèvres le 4 juin 1887.

se soit marqué sur certaines œuvres. Il était employé constamment, en effet, à fabriquer pour le compte de son patron, qui tenait la vogue, nombre de sujets signés Carrier-Belleuse. Même longtemps après, vers 1878 ou 1880, c'est-à-dire après l'*Age d'Airain* et le *St Jean-Baptiste*, il mettait encore en vente des terres-cuites assez extraordinaires sous sa main, telles que la *Fille de Madame Angot*, pour ne citer qu'un exemple. Ces œuvres qui sont signées Rodin auraient pu, plus justement, être signées Carrier-Belleuse. On voit encore circuler en Belgique quelques-uns de ces bustes : *Flore* ou *Dosia* dont il avait cédé les droits à une société d'édition. C'étaient de purs travaux de commerce, un gagne-pain, du reste, fort douteux, car Rodin me disait en souriant : « J'étais bien puni, car je ne les vendais pas. »

Pour cette période de dix années qui va de 1860 à 1870, veille de son départ pour la Belgique, que pouvons-nous signaler dans les productions de Rodin ? La plupart du temps, ce ne sont que des œuvres impersonnelles ou anonymes, exécutées pour le compte des maisons auxquelles il était attaché. On cite, à ce titre, les cariatides du Théâtre des Gobelins, la cheminée du Théâtre de la Gaîté et le fronton du Panorama des Champs-Elysées. Pour le reste, pour la part vraiment personnelle de ses travaux, la plupart des tentatives ont disparu. A peine reste-t-il quelques fragments, sauvés à grand peine, dans les vitrines de Meudon. « Ma vie a été un grand incendie », me dit Rodin, faisant allusion à tous les désastres occasionnés par sa pauvreté. A l'impossibilité de faire mouler les travaux qui s'accumulaient dans son atelier, s'ajoutaient les effets de la gelée qui faisait, durant certains hivers excessifs, fendre et se désagréger la terre mouillée de ses sculptures, les déménagements malheureux, causes de catastrophes pour telles de ses œuvres les plus étudiées et les plus chères. C'est ainsi qu'il m'a conté, ce qu'il a rapporté également à Dujardin-Beaumetz, avec un regret toujours cuisant, l'effondrement d'un de ses plus beaux rêves de jeunesse.

Il venait d'achever, après un travail de deux années, une figure de *Bacchante*, d'après son charmant modèle et il y avait apporté tous les soins, tous les scrupules et toute la sensibilité dont il a fait preuve dans l'*Age d'Airain*. « Elle était, d'ailleurs, dans l'esprit de l'*Age d'Airain* », me dit Rodin et Mme Rodin, qui avait posé, me dit-elle, debout, une main sur la tête, comme pour retenir sa coiffure, l'autre pendante comme si elle venait de se servir d'un miroir, n'y pensait pas, après tant d'années, sans un souvenir plein d'amertume. Or, un jour, comme Rodin, devant l'encombrement de son atelier, devenu trop étroit pour toutes les œuvres qui s'y trouvaient, avait pris la décision de déménager, vers le soir, alors que tous étaient exténués de fatigue, les déménageurs d'occasion qui l'aidaient dans ce transfert, sans le prévenir, se chargèrent d'enlever la figure de la Bacchante. Ignorant les conditions du travail et la fragilité de la matière, ils prirent la statue, l'un par la tête, l'autre par les pieds, et toute la terre s'effondra. Une autre figure demi-nature, d'après le même modèle, subit à peu près le même sort. Faute d'avoir pu être moulée à temps, elle sécha et la terre se détacha par fragments.

De ces premiers travaux, néanmoins, il nous reste quelques témoignages certains et exceptionnels qui, en dehors des influences momentanément subies, nous montrent Rodin en possession de bonne heure de toutes les vertus sculpturales, et on pourrait dire, de sa précoce originalité. Il y a d'abord le buste de son père. C'est la première œuvre que nous connaissions de lui. D'après une tradition de famille, Rodin l'avait exécuté lorsqu'il avait dix-sept ans. Mais il m'a dit à moi-même qu'il l'avait modelé peu d'années avant le buste du père Aymard, qui est de 1863, et quand il avait environ vingt ans. On peut donc le dater de 1860. Ce buste est déjà d'un vrai statuaire, d'une exécution ferme, franche et décidée; lorsque je l'exposai au salon de 1918, comme œuvre posthume du maître, il produisit une vive sensation.

Il y a ensuite à signaler le buste du *Père Aymard*, que nous pouvons dater exactement, celui-ci, de 1863. Car c'est l'année où Rodin entra dans les ordres et le père Aymard, le Supérieur des Eudistes, est l'excellent prélat qui consentit à poser pour son jeune novice et qui comprit si intelligemment l'avenir auquel il était appelé. Certainement, ici, nous constatons un nouveau progrès. C'est une figure d'un caractère inoubliable. La compréhension de la physionomie, l'analyse savante et pittoresque de ces traits singuliers, leur exécution serrée, leur accent de nature, annoncent les plus belles et les plus personnelles œuvres du maître.

En 1864, l'année suivante, celle où il commençait la malheureuse *Bacchante* qui eut un si triste sort, Rodin exécutait un buste qui, depuis, est devenu célèbre et qui nous montre le jeune artiste définitivement constitué. C'est l'*Homme au nez cassé*, étude consciencieuse sur nature, avec le beau souvenir de la simplicité antique. Ici encore, le destin qui poursuivait ses meilleurs ouvrages, faillit ruiner celui-ci : le buste de l'*Homme au nez cassé* gela. Le derrière de la tête se fendit et tomba, et il n'en subsista que le masque.

Rodin avait envoyé au Salon de 1864, ce masque sous le titre de M. B. (M. B. c'était un pauvre diable, dénommé Bibi, qu'on employait dans son quartier à toutes sortes de corvées). Il fut refusé. Rodin, avec sa malice habituelle le refit plus tard, en Belgique, en marbre, et l'envoya au salon de 1875, mais il lui avait ceint le front d'une bandelette ; il avait l'air d'un philosophe antique et le *Portrait de M. B.* fut reçu.

A cette période, assurément avant le départ pour la Belgique, il faut également rattacher le buste charmant aux yeux extatiques, aux narines palpitantes, aux cheveux épars, de son jeune modèle, Rose Beuret, qui lui avait fourni l'idée et les formes de sa Bacchante. Il reste comme un de ses plus précieux ouvrages.

Survint la guerre avec l'Allemagne. Rodin était alors caporal au 158e bataillon de la Garde Nationale. Mais il fut jugé impropre au service de campagne et il ne fut pas enrôlé dans les unités combattantes. Ceux qui ont connu Rodin plus tard comme un type admirable de vigueur et de santé, ont peine à se figurer qu'il ait pu être écarté alors « pour infirmités physiques ». Mais la vie lui était fort dure, les privations excessives, le travail intense et continu ; aussi quelques portraits de cette époque nous le représentent-ils le corps mince et le visage amaigri, expliquant le jugement du conseil de révision. Il resta à Paris tout le temps du siège, ce qui ne dut pas le mettre en meilleur état, et, en 1871, au mois de février, il obtient un laisser-passer pour rejoindre en Belgique son patron, Carrier-Belleuse, qui venait d'être appelé à Bruxelles par l'architecte du palais de la Bourse pour y diriger la décoration sculpturale. Carrier-Belleuse qui avait besoin de s'entourer d'utiles collaborateurs, ne pouvait manquer de s'adjoindre un aide aussi précieux que Rodin. Notre sculpteur alla donc s'installer à Bruxelles, où devait le rejoindre un peu plus tard, sa jeune compagne.

Ce séjour à Bruxelles compte tout particulièrement dans la biographie du maître. Il en avait gardé un souvenir sur lequel il revenait complaisamment dans ses derniers jours. Madame Rodin, surtout, n'en parlait que comme de la période la plus heureuse de leur existence commune. Et, cependant, la vie était fort médiocre. C'était une vie d'ouvrier à la tâche, avec des revenus en somme assez modiques, même lorsque

Rodin fut en société avec un autre confrère belge pour l'entreprise de ces travaux de décoration. Car Carrier-Belleuse, pressé de rentrer en France, dès qu'il y vit l'ordre rétabli, les avait abandonnés. Mais Rodin s'était créé de chères amitiés, soit avec Constantin Meunier, qui devait prendre une si grande place dans l'art contemporain, même au-delà des frontières de son pays, soit avec Dillens, qui travaillait à côté de lui à la Bourse, soit avec Paul de Vigne ou Bouré, sculpteurs de talent, soit encore avec le graveur Biot et d'autres camarades.

Le ménage était installé à la lisière du bois de la Cambre et, pour se reposer de ses rudes semaines de travail dans les chantiers, Rodin se livrait, avec sa jeune compagne, à d'interminables promenades sous ces hautes futaies ou dans « cette forêt sévère de Soignes », « où, dit-il dans ses *Cathédrales de France*, j'ai connu quelques-unes des années rêveuses, laborieuses et parfois douloureuses de ma jeunesse ». Il a laissé de précieux souvenirs de ces vagabondages dominicaux à travers bois, dans les nombreuses pochades si chaudes et parfois même si romantiques, prises dans les bois ou les villages voisins, exposées aujourd'hui dans son musée.

Au départ de Carrier-Belleuse, la décoration sculpturale de la Bourse fut passée à un sculpteur belge, Antoine-Joseph Van Rasbourg (ou Van Rasbourgh, comme il signe), qui faisait déjà partie de l'équipe de Carrier-Belleuse. Van Rasbourg proposa à Rodin d'entrer en société avec lui et un accord fut signé entre eux en février 1873. Ils devaient partager les travaux et les bénéfices ; mais, dans ce contrat assez singulier, Van Rasbourg devait faire les esquisses et « signer les œuvres artistiques », hors certains cas prévus. Rodin, chose assez piquante, était chargé de la comptabilité et de tout ce qui concerne l'administration de la société. Ce n'était guère des aptitudes conformes à sa nature et il faut voir, du reste, comment il tint les registres de la société. Mais il fallait vivre et il était homme à tout accepter d'un travail rémunérateur bien qu'il ne put espérer y faire œuvre personnelle.

Cette association prit fin en août 1877, au moment où Rodin prévit son retour définitif en France. Ces six ou presque sept années pendant lesquelles il resta en Belgique forment pour Rodin une période admirable de préparation à ses futurs chefs-d'œuvre. Tandis qu'il était occupé à de continuelles pratiques qui lui faisaient pénétrer à fond les conditions de son métier, cet isolement loin des milieux parisiens, des discussions d'écoles et des critiques de Salons, fut salutaire, le laissant à de longues méditations, auxquelles se plaisait son esprit réfléchi et silencieux. Tous les moments de liberté, il les consacrait à la lecture. Dillens me disait un jour que Rodin lisait en mangeant, lisait en marchant et, ajoutait-il, plaisamment, sans doute en dormant. Aussi verra-t-on bientôt le résultat de cette active fermentation cérébrale. Il devait en sortir immédiatement un premier chef-d'œuvre inattendu.

Dans cette collaboration avec Van Rasbourg, quelle est la part qu'on peut accorder à Rodin ? Le maître avait gardé pour son ancien collaborateur son estime et son amitié. Les rapports continuèrent entre eux et la petite fille du sculpteur belge était devenue la filleule de Mme Rodin. Rodin, dans une lettre au critique belge Sander Pierron, qui désigne publiquement les œuvres qu'on lui attribue à Bruxelles et à Anvers, tout en adressant un souvenir aimable à son ancien associé, confirme lui-même ces attributions. Et il faut bien ajouter que Van Rasbourg, en dehors de cette décoration en commun avec Rodin, n'a attaché son nom à aucune autre œuvre personnelle connue. Aussi peut-on, sans être suspect de parti-pris en faveur du maître français, accepter comme étant son œuvre à l'intérieur du palais de la Bourse, dans la « Corbeille », les cariatides colossales supportant un couronnement, où deux petits amours ailés, assis au milieu de guirlandes, entourent un globe terrestre. A l'intérieur du bâtiment, au sommet de la façade latérale, le long de la rue Henri-Mons, seraient encore de Rodin, les groupes de l'*Asie* et de l'*Afrique*.

D'autre part, au palais des Académies, parmi les trophées qui décorent de loin en loin le sommet du mur de clôture, le long de la rue Ducale, on donne à Rodin, qui, je le répète, a confirmé ces attributions, deux groupes allégoriques représentant l'un les *Arts*, avec divers attributs mêlés de brassées de lauriers autour du torse du Belvédère, l'autre, la *Science*, avec un amour ou petit génie, penché sur un globe terrestre qu'il mesure avec un compas. Ailleurs encore, dans Bruxelles, on trouve des traces du séjour de Rodin qui fut, on le voit, aussi fructueux que celui du grand ancêtre Rude. En effet, Boulevard Anspach, aux deux angles de la rue Grétry, on remarque, à chacune des deux maisons faisant le coin, un balcon supporté par trois cariatides, une figure de femme entre deux figures d'hommes, dans le style des cariatides de Puget. Une autre maison, démolie depuis, sur le même boulevard, avait également été décorée par Rodin, de cariatides qui, par malheur, ont été lamentablement brisées et dont les fragments recueillis par Jef Lambeaux, le statuaire anversois, ami de Rodin, gisent aujourd'hui au fond d'une école de dessin à St-Gilles.

Il y aurait à indiquer en plus, parmi les travaux de Rodin en Belgique, ceux d'Anvers, où il s'était plu, à ses moments de loisir, à copier le portrait d'*Adrienne Perez, femme de Nicolas Rockox* et le *Coup de lance* de Rubens, la fontaine du bourgmestre Loos, avec ses deux groupes : l'un représente le *Commerce* et l'*Art*, l'autre l'*Industrie* et la *Marine* ; ils entourent le buste du bourgmestre et sont couronnés par la statue de la *Ville d'Anvers* élevant un flambeau dans un beau mouvement. Cette fontaine est signée du nom de Julius Pécher. La fille du statuaire belge, dans un sentiment devant lequel on ne peut que s'incliner, a protesté contre l'attribution de ce monument à Rodin. D'après elle, Rodin et Van Rasbourg n'avaient été appelés qu'en qualité de collaborateurs secondaires par son père. On ne peut, toutefois, ne pas remarquer la parenté de ces groupes michelangelesques avec les sculptures de la Bourse ou les cariatides du Boulevard Anspach. Et Rodin, interrogé à ce sujet par M. Sander Pierron, n'a pas contesté l'attribution qu'on lui faisait de ce travail, tout en ayant un mot plutôt sévère pour le sculpteur belge.

En 1875, ayant mis de côté quelque argent sur son travail quotidien, Rodin laisse sa jeune femme à Bruxelles et fait un bond en Italie. C'était un rêve longtemps caressé. Il ne s'absenta pas plus de deux mois et ne vit guère que Florence et Rome. Mais comme il sut les voir ! Et quelle admiration passionnée il rapportait pour les grands sculpteurs florentins : « Je ne vis, me dit-il, que Donatello et Michel-Ange et, au retour, j'étais si plein d'eux que j'en fis des copies. » Il est exact que cette grande influence italienne va se faire sentir sur ses prochains ouvrages. Le premier qu'il aborda nous étonne, toutefois, par son indépendance et sa personnalité. Michel-Ange et Donatello ont donné à son imagination le coup de fouet nécessaire, mais, pour le chef-d'œuvre qu'il va créer, la Nature, à laquelle il garda jusqu'au dernier jour une si ardente dévotion, semble bien alors le seul guide qu'il ait suivi.

Ce chef-d'œuvre, à jamais illustre, c'est l'*Age d'Airain*. Immédiatement à son retour d'Italie, dès le mois d'octobre 1875, Rodin s'était mis au travail. Ce qu'il voulait faire, c'était une simple étude sur le vif, comme il avait fait dix ans plus tôt avec sa pauvre *Bacchante*, une étude serrée, fidèle, émue, sans autre signification que l'image de la vie même. Il lui fallait un modèle de choix. Il s'adressa au commandant d'une caserne voisine avec qui il était en relations, pour lui demander s'il n'y avait pas, parmi ses troupiers, un homme qui pût répondre à son désir. Le capitaine lui envoya neuf hommes.

Parmi eux, Rodin retint un soldat télégraphiste, Auguste Neyt, qui consentit à poser et qui fournit à Rodin la pose jusqu'en mars 1877. Rodin travailla donc à cette œuvre durant une quinzaine de mois, tout en se donnant à ses autres travaux rétribués. Il semble même, d'après les permissions accordées au modèle complaisant, que Rodin travaillât le soir, à la chandelle, ce qui expliquerait la délicatesse et la sensibilité des modelés, suivant la démonstration qu'il fait à Paul Gsell sur le modelé des torses antiques. Le brave Neyt, qui vit aujourd'hui retiré à Gand, après une carrière bien remplie d'entrepreneur de travaux, était resté, depuis, l'ami de Rodin, et il a gardé une légitime fierté de l'avoir aidé à accomplir cette œuvre maîtresse. Dès qu'on sut à Bruxelles qu'il posait pour Rodin, tous les sculpteurs belges vinrent le solliciter de poser, mais il s'y refusa absolument.

L'œuvre terminée, Rodin l'envoya à Paris, au Salon. Il ne s'attendait guère à l'accueil formidable qui allait être réservé à sa figure. S'il avait espéré qu'elle ne passerait point inaperçue, il ne s'était point trompé. L'*Age d'Airain*, en effet, suscita un véritable scandale. La statue fut d'abord refusée : on avait crié au moulage sur nature ; elle fut reprise, toutefois, à la révision, « quelqu'un, raconte Rodin, ayant déclaré : Si c'est un moulage sur nature, il est bien beau, il faut le recevoir quand même ! » Mais ce nom de « Rodin » était absolument inconnu ; l'auteur n'avait guère exposé antérieurement qu'un buste peu remarqué ; il n'appartenait à aucune école, à aucune coterie, et il était depuis si longtemps fixé à l'étranger que ses quelques camarades de Paris l'avaient perdu de vue. Cette œuvre, également, détonnait tellement dans la production courante que les yeux, accoutumés à d'autres formes d'art, ne la considéraient pas sans défiance. On est surpris, par exemple, de voir qu'un esprit aussi clairvoyant et aussi cultivé qu'Eugène Guillaume, qui fut plus tard un si grand admirateur de l'art de Rodin et devint un de ses amis, lorsque cette statue reparut en bronze, au Salon de 1880, avec le plâtre du *St Jean prêchant*, ne cite même pas le nom du sculpteur dans les belles pages qu'il consacre, dans ses salons, à l'*Art et la nature* et l'*Art et la matière*. Justement, Rodin s'adressa à E. Guillaume pour protester auprès de lui contre ces imputations odieuses. Eugène Guillaume se contenta de lui répondre : « Faites un moulage de votre modèle et on comparera. » Alors, la pauvre Rose, restée à Bruxelles, dont les mains fines avaient tant de fois gâché le plâtre pour son sculpteur, se mit à l'ouvrage ; elle moula elle-même le torse d'Auguste Neyt, elle le fit photographier de face et de dos et on expédia la caisse au Salon. Elle ne fut jamais ouverte.

Elle n'eut, sans doute, pas besoin de l'être, car contre la cabale des sots, des méchants et des envieux, s'était levé un groupe de confrères qui avaient compris la probité en même temps que l'excellence de ce travail. Paul Dubois, Alfred Boucher, Falguière, Delaplanche, etc., vinrent, à leur tour, protester près de l'Administration des Beaux-Arts qui, désormais, va prendre le grand statuaire sous son égide et le suivre avec sympathie jusqu'au bout de sa carrière. Elle lui accordera une première réparation en acquérant au Salon de 1880, l'*Age d'Airain*, que le jury, venu à résipiscence, récompensait d'une troisième médaille et en le plaçant dans le Jardin du Luxembourg où il fit face jusqu'en 1889, à la *Velléda* de ce même Maindron dont le jugement avait ouvert à Rodin la voie des arts.

Mais le scandale même venait brusquement de jeter le nom de Rodin à la foule. On allait, et sans arrêt, hélas ! le discuter passionnément. Toutes ses créations nouvelles allaient y passer. Ce scandale de l'*Age d'Airain*, pour être le premier, ne fut pas le dernier. Néanmoins, Rodin sentit que, désormais, la Belgique était un champ trop limité pour son activité. Une fièvre intense de travail le prenait. L'avenir est à lui, dans la lutte, sans doute ; mais la lutte ne déplaisait pas à son esprit obstiné et combatif. Il se hâta donc de liquider ses affaires de Bruxelles, de résilier son contrat avec Van Rasbourg et de se fixer avec sa compagne à Paris.

◘

Cependant, il prend le chemin des écoliers. Avec ce besoin passionné de savoir qui est une des particularités foncières de sa nature, il a une ardente curiosité à satisfaire. Un premier élan l'a poussé vers l'Italie, un autre mouvement aussi spontané, maintenant qu'il a pris son libre essor, l'entraîne vers les grands sculpteurs anonymes des cathédrales. Il venait d'appliquer la sculpture à l'architecture, mais dans des conditions de servage artistique qui ne laissaient aucune liberté à son génie. Or, quoi qu'on en ait dit et parce qu'on ne lui en fournit jamais l'occasion, Rodin fut toujours soucieux de l'association de la sculpture à l'architecture. C'est même pour avoir la clef de ce grave problème qu'il est préoccupé, avant de rentrer à Paris, d'apprendre de ses grands ancêtres le secret d'unir si étroitement et si heureusement la statue à l'édifice.

Il fait donc, dans le Nord de la France, une première tournée, une de ces promenades qu'il se plaira tant de fois à entreprendre comme le plus agréable et le plus fécond délassement, non seulement parmi les plus illustres basiliques, mais même parmi les plus modestes et les plus humbles sanctuaires de village. Cet homme du présent, qui va ouvrir les portes à l'avenir, se délecte dans toute cette intense poésie du passé national. Il note avec un esprit d'analyse d'une rare sensibilité non seulement l'association fraternelle de la statue et de l'architecture, mais aussi l'adaptation toujours si judicieusement comprise de l'architecture au paysage. C'est de ces nombreuses expéditions, entreprises à tous les âges de sa vie, que jaillira un jour ce singulier et admirable livre des *Cathédrales de France,* plein de confidences si instructives sur sa pensée, plein d'aperçus et de suggestions si originaux sur l'art. Ce premier voyage, dans tous les cas, ce contact avec les vieux maîtres robustes, graves et émus, du terroir français, exercera sur son esprit une action qui ne tardera pas à se manifester sur ses prochaines œuvres.

Aussitôt installé à Paris, Rodin se met à l'ouvrage. Au Salon de 1878, il n'expose qu'un buste ; en 1879 apparaît un buste de *St Jean-Baptiste prêchant,* en plâtre bronzé, avec un buste d'un M. A. C. en terre cuite. Cet envoi lui valait du jury, une mention honorable. Ce buste de *St Jean* était la première étude d'après un modèle italien, Pignatelli, sorte de farouche paysan des Abruzzes, que l'on avait présenté à Rodin et qui l'avait frappé par son accent de sauvagerie. Il exécuta, d'après cette rigoureuse académie, un certain nombre d'ouvrages, notamment pour la Porte de l'Enfer, et particulièrement pour l'*Ugolin* et cette statue de *St Jean prêchant,* qu'il envoyait en plâtre en 1880, avec le bronze de l'*Age d'Airain.* Le modèle de l'*Age d'Airain* s'appuyait primitivement de la main gauche sur une louve, ce qui explique le geste du bras levé. Rodin supprima cette longue ligne droite qui détruisait la modulation de ses modelés et ce geste d'éveil n'en devint que plus expressif. Le *St Jean,* lui, portait une croix sur son épaule gauche, d'où ce mouvement accusé de l'épaule pour maintenir cette tige de roseau qui a été utilement supprimée dans le bronze. Nouveau succès pour Rodin ; il obtenait pour ces deux envois exceptionnels une troisième médaille ! L'*Age d'Airain,* il est vrai, était acquis par l'Etat, au prix de 2.200 francs, soit le prix de la fonte ; l'année suivante, le bronze du *St Jean* était également acquis au Salon dans une fournée de vingt-cinq sculptures. Et cette fois, on plaçait la statue, non dans le Jardin, mais dans le Musée du Luxembourg.

Il faut reconnaître que l'administration des Beaux-Arts,

en l'espèce le sous-secrétaire d'Etat, Edmond Turquet, montra dès ce jour à Rodin une véritable sollicitude. Rodin avait été présenté à Turquet par Haquette, peintre à la Manufacture de Sèvres, parent du ministre. Car Rodin, pour vivre, avait été obligé de reprendre ses anciens métiers. Nous le verrons, encore en 1889, travailler chez un ornemaniste pour l'Exposition Universelle et le palais du Trocadéro. Mais, en 1879, son ancien patron, Carrier-Belleuse, appelé à la direction des travaux d'art de la Manufacture de Sèvres en 1875, s'empressait d'attirer à lui son habile collaborateur et Rodin travailla à la manufacture jusqu'à la fin de 1882, aux appointements mensuels de 170 francs, soit 3 francs l'heure [1]. Haquette, donc, en camarade de Rodin, recommanda le statuaire au sous-secrétaire d'Etat et celui-ci, en réparation du préjudice que lui avait causé le scandale soulevé à propos de l'*Age d'Airain*, lui offrit une commande importante en lui laissant le choix du sujet.

Il était alors question dans le monde des arts, de la création d'un organisme d'enseignement analogue à celui du South Kensington Museum de Londres, dont on admirait beaucoup le fonctionnement et l'action sur les industries d'art. C'était l'idée de ce Musée des Arts Décoratifs, installé aujourd'hui aux Tuileries et pour lequel on prévoyait alors l'emplacement de la Cour des Comptes. Rodin sollicita et obtint la commande de la Porte de ce musée. Le projet fut adopté en 1880 au prix de 30.000 francs. Rodin se mit aussitôt à l'ouvrage.

Le sujet était emprunté à l'*Enfer* de Dante. Rodin semble avoir été hanté depuis longtemps par le poème immortel du grand Gibelin. Il avait conçu de la *Divine Comédie* et non seulement de la première cantique de l'Enfer, mais de celles du *Purgatoire* et du *Paradis*, nombre de compositions qui en

1. V. Roger Marx, *Rodin céramiste*, Maîtres d'hier et d'aujourd'hui, 1914.

forment une véritable illustration et dont une grande partie appartient à son musée. Elles doivent se rapporter au lendemain de son voyage en Italie où il fut si vivement frappé à Florence, par la deuxième porte de Ghiberti au Baptistère. C'est évidemment ce souvenir qui lui dicta son projet de commande. Rodin voyait dans la forme de ce travail l'occasion de répandre à travers les divers panneaux le flot tumultueux d'images qui se pressaient dans son cerveau.

Le premier projet dont le Musée Rodin conserve la maquette, était tout à fait conforme, dans ses arrangements de panneaux symétriques, au modèle du Baptistère. Mais peu à peu Rodin prenait toute liberté aussi bien avec les combinaisons architecturales de la Porte qu'avec le sujet, où les épisodes de l'*Enfer* sont réduits à deux ou trois : *Paolo et Francesca*, groupe symbolique que Rodin se plaira tant de fois à reprendre particulièrement dans la forme du *Baiser*, dénommé antérieurement la *Foi*, alors qu'il figurait au centre d'un des panneaux de la Porte, le *Printemps* et autres.

La *Porte de l'Enfer* fut longtemps l'œuvre de prédilection du maître. Il y travailla vingt ans, la prenant, la reprenant, y appliquant les principes d'architecture qu'il avait puisés aux cathédrales, notamment pour les moulures ; puis, lorsqu'elle fut achevée, s'en lassa, conscient un peu tard de l'erreur qu'il avait commise par le développement excessif des saillies. Il l'abandonna à ce moment, ne se servant plus des motifs qui la composaient que comme d'un réservoir de formes qu'il utilisait en groupements nouveaux et inattendus et, en 1900, lorsqu'il l'exposa dans son pavillon du rond-point de l'Alma, les panneaux étaient presque entièrement dépouillés de leurs figures. En 1908, cependant, il en prévit la reconstitution intégrale. « Il faut qu'une porte soit ouverte ou fermée, lui dis-je, la vôtre sera fermée. » Il fut, en effet, question, à cette date, de la fixer au fond de la Chapelle désaffectée du

Séminaire de St-Sulpice, alors attribué au Musée du Luxembourg, où avait été conçu le premier projet d'un Musée Rodin, formé d'un ensemble de ses chefs-d'œuvre. Et je lui avais suggéré l'idée, qui avait reçu un commencement d'exécution, de l'entourer d'une fresque représentant le Purgatoire et le Paradis, puisque le sous-secrétaire d'Etat, Dujardin-Beaumetz, décidé à donner quelque encouragement au procédé de la fresque, venait de lui en commander une sans affectation particulière.

La Porte, reconstituée définitivement en 1916 et 1917, sous la direction du maître, est aujourd'hui installée au cœur de son musée et elle est sur le point d'être complètement réalisée en bronze, grâce à la munificence d'un généreux amateur japonais, M. Kojiro Matsukata.

De 1880 à 1885, Rodin semble absorbé par les travaux de la *Porte de l'Enfer*. On ne voit apparaître en 1881, au Salon, avec le bronze du *St Jean-Baptiste*, que la figure en plâtre de la *Création de l'homme* ou *Adam*, statue qui devait faire partie, avec la figure d'*Eve*, de l'ensemble sculptural de la Porte. L'Etat en avait déjà fait l'acquisition. Mais, aux Salons suivants, jusqu'à l'Exposition Universelle de 1889, Rodin qui, d'ailleurs, n'expose ni en 1886, ni en 1887, ni en 1889, n'envoie que des bustes. Mais quels bustes ! De 1882 à 1885, c'est une suite de ses premiers chefs-d'œuvre, c'est *Jean-Paul Laurens*, *Carrier-Belleuse*, *Danielli*, *Alphonse Legros*, *Dalou*, *Victor Hugo*, *Antonin Proust*, et, enfin, en 1889, pour clore cette série de bronzes incomparables le marbre exquis de grâce et de morbidesse de *Mme Vicunha*, qui entrait au Musée du Luxembourg. L'État, plus généreux dans ses distinctions que ses confrères, conférait à l'artiste la croix de la Légion d'honneur. Un banquet lui était offert à cette occasion par le groupe déjà nombreux, au milieu des innombrables détracteurs, de ses admirateurs. Rodin entrait dans la célébrité.

Mais ce demi-silence d'environ dix années, marquait une existence ardemment occupée. D'abord, il fallait vivre et Rodin cherche toutes les occasions de travaux, prend part à tous les concours, généralement sans succès. Il participe, en 1879, au concours du monument allégorique pour la *Défense de Paris*, qui devait être érigé au rond-point de Courbevoie. Plus de 80 projets avaient été présentés. A la première épreuve, les lauréats primés furent Barrias, Lequien et Mathurin Moreau. A le deuxième épreuve, en 1880, ce fut Barrias qui l'emporta. Rodin fut classé dans les derniers : il avait gardé une certaine prédilection pour ce groupe qui a tout l'élan de la *Marseillaise* de Rude et il l'avait fait agrandir, en 1912, pour le placer dans son musée. Ce fut avec une vraie joie qu'il accueillit la demande du Comité hollandais qui lui proposa en 1916, de l'ériger au pied de la citadelle de Verdun, dans un grandissement colossal. Il prend part encore aux concours pour un monument à Carnot, l'organisateur de la victoire, à Nolay, sa ville natale, en 1881 ; pour l'érection du monument de Diderot, place St-Germain-des-Prés, dont l'exécution fut confiée à Gontherin, en 1885, pour un monument au général Margueritte, pour un autre au poète Gilbert, et il obtient en 1881, par l'intermédiaire d'un conseiller municipal avec qui il était lié, d'être compris dans la fournée de commandes sculpturales pour la décoration de l'Hôtel de Ville : il fut chargé de la statue de d'*Alembert* qui est placée dans une niche, sur la façade, près de la rue de Rivoli.

A cette date, 1881, il se rend à Londres, appelé par son ami Legros, qui avait, dix ans plus tôt, recueilli leur camarade commun Dalou. Legros avait l'espoir, sans doute, de lui faire obtenir quelque commande. Rodin ne rapporta rien de ce premier voyage à Londres. Ce fut à cette occasion, toutefois, que Legros lui enseigna les principes de la gravure et lui fit graver sa première composition, au dos même d'un de ses propres cuivres.

En 1884, comme Rodin semblait absorbé par les travaux de sa porte, il apprend par un jeune ami de Calais, Alphonse Isaac, que cette cité projette d'élever un monument à la mémoire d'Eustache de Saint-Pierre, pour glorifier son dévouement civique lors du siège de Calais par les Anglais, en 1346-1347. Isaac lui prête les *Chroniques de Froissart*, que Rodin lit et relit avec son imagination surexcitée et au lieu d'une figure, il en voit six, les cinq otages : Jean d'Aires, Jacques et Pierre de Wissant, Jean de Fiennes et André d'Ardres qui accompagnaient dans son sacrifice Eustache de Saint-Pierre.

Ce ne fut pas chose facile d'enlever l'adhésion du Conseil Municipal, bien que Rodin acceptât pour ce travail considérable le même prix que pour une seule figure. Mais le Conseil avait des idées esthétiques et le groupe de Rodin n'y répondait pas. On reprochait au groupe de se présenter sur un sol égal, avec un aspect à peu près cubique, au lieu d'être disposé dans une conception pyramidale suivant « la règle ».

Le procès-verbal du Comité du Monument que nous reproduisons ici in-extenso nous fait vivre toutes les tribulations de l'artiste :

« Nous étions convoqués dernièrement à l'ancienne mairie de Calais pour examiner l'esquisse du groupe des Bourgeois de Calais que Monsieur Rodin venait de nous apporter.

Tous, à la vue de cette maquette suffisamment étudiée pour nous donner une idée assez complète de l'effet que se propose de rendre son auteur, éprouvions une légère déception.

Ce n'était pas ainsi que nous nous représentions nos glorieux concitoyens, se rendant au camp du Roi d'Angleterre. Leur attitude affaissée heurtait tout d'abord notre religion et il nous semblait que l'œuvre que l'on nous présentait, loin de glorifier le dévouement d'Eustache de Saint-Pierre et de ses compagnons, ne pouvait produire qu'un effet contraire.

Après nouvel examen et mûre réflexion, nous pensons en général que la maquette de Monsieur Rodin nous donne l'esquisse d'une œuvre dont l'interprétation ne correspond pas entièrement à nos désirs. Notre orgueil de Calaisiens souffrirait certainement de voir la plus belle page de notre histoire locale représentée par le sujet qui nous a été soumis.

Loin de nous la pensée d'exiger de l'artiste que ces hommes aient une attitude théâtrale conforme à l'état statuaire de 1830 à 1860 ; mais entre ce genre démodé et celui qu'il nous présente il y a un écart par trop considérable. Nous pensons que l'auteur a raison en refusant de donner à ses personnages une attitude par trop altière ; mais le découragement si caractérisé que marquent Eustache et ses compagnons ne nous semble pas non plus propre à représenter le dévouement à la fois simple et sublime de nos concitoyens qui, pénétrés de la grandeur de l'acte qu'ils accomplissaient, devaient marcher à la mort, non comme des criminels condamnés au dernier supplice, mais bien comme des martyrs bourgeois qui ont fait simplement et généreusement le sacrifice de leur vie et tiennent à honneur de l'accomplir dignement, sans forfanterie comme sans faiblesse.

Nous admettrions que l'auteur ayant voulu peindre les diverses émotions qu'ont dû ressentir Eustache et ses compagnons, ait cherché à les traduire à l'aide de la pluralité de ses personnages et que l'un d'eux ait exprimé la faiblesse devant la mort ; mais nous ne comprenons pas que les trois principaux sujets les plus en vue représentent l'image de la douleur. Cette uniformité d'attitude et de sentiments donne au groupe un cachet de froideur et de monotonie.

Monsieur Rodin nous semble avoir dépassé la mesure dans la pose désespérée du compagnon de droite et aussi dans la tenue du bourgeois placé à la gauche qui, tout en présentant les clefs de la ville, ne peut retenir ses larmes.

Si maintenant nous examinons la forme ou plutôt la silhouette du groupe, nous trouvons qu'elle laisse à désirer sous le rapport de l'élégance. Sans nous attacher aux convenances artistiques et aux prétendues lois réglant cette matière, nous reconnaissons cependant que cette silhouette est peu gracieuse. L'auteur pourrait mouvementer davantage le sol qui porte ses personnages et même rompre la monotonie et la sécheresse des lignes extérieures en variant les tailles des cinq sujets. La présentation d'une maquette ne nous permet pas de juger le détail ; mais cependant nous remarquons aussi qu'Eustache de Saint-Pierre est couvert d'une étoffe aux plis trop épais pour représenter le costume léger que lui accorde l'histoire.

Nous ne nous attachons pas à cette critique de détail que Monsieur Rodin a faite sans doute avant nous, mais nous croyons devoir insister près de lui pour l'engager à modifier et les attitudes des personnages et la silhouette de son groupe, espérant qu'il voudra bien prendre en considération ces quelques observations que nous nous proposons de lui soumettre. »

Rodin, néanmoins, grâce à l'effort de quelques amis, Legros et Cazin, entre autres, qui se rendirent expressément à Calais, grâce aussi au maire de la ville, M. Dewavrin, obtint la commande pour le paiement de laquelle il éprouva encore bien des tracas, une catastrophe financière s'étant abattue sur les banques et sur la ville. Rodin peina dix ans sur ce travail qui ne fut inauguré que le 8 juin 1895.

C'est, maintenant, pour Rodin, la période des trop rares travaux monumentaux qui lui furent demandés. En 1883, un comité s'était formé à Nancy, avec le peintre Louis Français comme président, pour ériger sur une place de la ville un monument à leur illustre compatriote Claude Gellée. Le nom de Rodin fut proposé et admis enfin, non sans résistance, grâce aux efforts de deux Nancéens, amis de Rodin, le verrier Gallé et le critique Roger Marx. Le monument représente Claude Lorrain dans l'attitude de peindre, les yeux fixés sur le soleil ; le haut relief du soubassement représente le soleil lui-même sous les traits d'Apollon, retenant les chevaux écumants de son char. Ce beau groupe, si puissamment original, n'échappa point, pas plus qu'aucune autre des œuvres de Rodin, à la critique. Il fut inauguré en 1892. Vers la même date, en 1889, l'artiste recevait, dans la même région lorraine, la commande du monument élevé à Damvillers, à la mémoire de Bastien-Lepage qui fut, du reste, un ami de Rodin et a laissé de lui un petit portrait à la pointe sèche. Le modèle comme celui du Claude Lorrain, est déposé au Musée Rodin. L'artiste est pris, lui aussi, palette en main, dans l'action de peindre.

Puis ce fut le tour du monument de *Victor Hugo*, destiné au Panthéon.

Rodin, en 1882, avait obtenu, par l'entremise d'un ami qui avait quelque autorité dans la maison, Edmond Bazire, et par la bonne grâce complice de Mme Drouet, l'autorisation de faire le buste du poète. Ce ne fut point chose facile et Rodin a conté ses tribulations dans ses entretiens avec Paul Gsell et dans ceux avec Dujardin-Beaumetz. Victor Hugo avait posé précédemment pour un autre sculpteur, Victor Vilain, élève de Pradier, qui exposait ce buste au Salon même de 1882, et il était peu disposé à se prêter à de nouvelles poses. Mais Rodin était armé d'une patience à toute épreuve et, durant trois mois, il ne cessa de prendre des notes à la volée, quand il pouvait surprendre un aspect, un profil du poète tout en travaillant à son buste, qui était, dit-il, fort critiqué dans l'entourage du maître. Il en réalisa cette image prophétique, admirable de grandeur et d'expression qui, seule, désormais, nous rend le véritable caractère de cette extraordinaire et grandiose figure.

Aussi fut-il naturel, lorsque le projet de décoration sculpturale du Panthéon fut fixé par le directeur des Beaux-Arts, Gustave Larroumet, qu'on pensât à Rodin, pour le monument à Victor Hugo qui devait former, dès 1889, la première commande, avec la statue de Mirabeau, donnée à Injalbert.

Rodin se mit à ce nouvel ouvrage au milieu de tous

les autres. Après de nombreux essais, conservés à la Villa des Brillants, qui témoignent de son souci du sujet dans l'expression et dans la composition, Rodin présenta son groupe définitif à la Commission des travaux d'art. Il avait pris pour motif : *Le Poète fait taire les bruits du monde pour écouter les voix de la Muse tragique et de la Méditation.* Mais il avait eu le tort, assez commun chez les statuaires, et qu'il a tant de fois condamné lui-même, de procéder à ce travail sans s'être entendu préalablement avec l'architecte. Or on avait prévu, comme pendant au Mirabeau, un groupe de figures debout et le Victor Hugo, pensif, était assis sur son rocher. La Commission déclara ne pouvoir l'admettre. Il était dit que toute œuvre de Rodin subirait quelque aventure. Par bonheur, le Directeur des Beaux-Arts, Gustave Larroumet, trancha habilement le différend. Il conserva le groupe du Victor Hugo assis, pour lequel on prévit une place dans le Jardin du Luxembourg, et il fit au sculpteur, en 1891, une nouvelle commande d'un Victor Hugo, pour le Panthéon, mais debout, cette fois. Le premier projet figure intégralement au Musée Rodin, tel que l'avait conçu le maître. Il a même reçu un commencement d'exécution en marbre.

Le Victor Hugo a été complètement réalisé. La figure de la Muse tragique, dont l'exécution ne convint pas à Rodin, a été abandonnée et orne, telle quelle, un coin du jardin de l'hôtel Biron. C'est alors que Dujardin-Beaumetz, sous-secrétaire d'Etat des Beaux-Arts, voyant l'embarras du maître à terminer cette œuvre, le décida à livrer le Victor Hugo seul, et à le placer dans le jardin du Palais Royal, sous les fenêtres de son administration. Quant au Victor Hugo destiné au Panthéon, la figure du poète a été complètement terminée, dans la grandeur de l'exécution : Hugo est debout, sur le rocher de Guernesey, nu, comme dans la précédente composition, une draperie pendant de son bras droit. Il semble se pencher en avant pour écouter la voix des Océanides, trois sirènes, aux bras enlacés, qui sortent des flots à ses pieds. Ce dernier groupe de trois figures a été déjà préparé, à la demi-nature, et permettrait un facile grandissement pour l'exécution définitive, si l'on s'y décidait un jour.

Cette année de 1889 va être marquée par la grande exposition décennale, à laquelle Rodin participera avec trois pièces capitales : l'*Age d'Airain*, le *St Jean-Baptiste* et le plâtre d'un des *Bourgeois de Calais* et trois de ses plus beaux bustes, ceux de *Dalou*, d'*Antonin Proust*, de *Victor Hugo*. Rodin organise une autre manifestation qui a fait date dans sa carrière, c'est son Exposition, en commun avec Claude Monet, à la Galerie Georges Petit. Les deux grands contemporains qui allaient changer, chacun de son côté, la face de l'art de leur temps, se présentaient côte à côte, patronnés, le peintre par Octave Mirbeau, qui devint également un si chaud défenseur de Rodin, le sculpteur, par Gustave Geffroy, un ardent et fidèle ami de vieille date. Ce fut, des deux parts, une démonstration qui porta. Rodin produisait entre autres, pour la première fois, au complet, ses *Bourgeois de Calais*, dont une des figures était exposée au Champ-de-Mars.

A partir de ce moment, il est tout à fait célèbre. Les hostilités ne désarmeront pas, certes, et les dénigrements de son œuvre ne cesseront pas, même après sa mort. Mais dès ce moment, il est entouré d'une foule d'admirateurs et il commence à exercer une influence, chaque jour grandissante, sur la direction de l'Ecole.

De 1889 à 1900, année à laquelle Rodin renouvellera la tentative d'un ensemble résumé de son œuvre, quels événements relevons-nous dans sa carrière et dans ses travaux ? Nous avons signalé le monument à Claude Lorrain, qui sera inauguré en 1892, date à laquelle il est fait officier de la Légion d'honneur. En 1890, a lieu la scission des Salons et la fondation de la Société Nationale de Beaux-Arts. Rodin suit au Champ-de-Mars son camarade Dalou et il le remplace comme vice-président de la société, puis comme président de la délégation de la sculpture. En 1895, c'est l'inauguration des *Bourgeois de Calais*. La même année survient la commande d'un nouveau monument — celui du célèbre homme d'Etat argentin, Domingo Sarmiento, qui joua un rôle considérable dans son pays au point de vue politique, lutta contre l'ignorance et répandit partout l'instruction. C'est ce qui explique le motif adopté par Rodin pour le haut relief qui décore le soubassement de ce monument : Apollon, jeune et radieux, écartant les nuées et écrasant de son pied le serpent Python. Le tribun est debout, la tête fière aux yeux sombres, la main passée dans l'ouverture de la redingote, avec un rude accent d'énergie et de décision. Cette statue est érigée à Buenos-Ayres où, pour ne pas manquer à la tradition, la mâle figure du grand patriote y fut violemment discutée.

C'est à cette période qu'appartient le monument à *Balzac*. Il fit naître, à son tour, des disputes autrement passionnées. Ce fut un scandale qui dépassa de beaucoup celui qu'avait soulevé l'*Age d'Airain*. Car Rodin, maintenant, était illustre : son nom occupait l'attention publique, ses moindres actes défrayaient la presse et le camp de ses détracteurs, comme le clan de ses admirateurs, s'était singulièrement élargi. C'était une commande qui lui avait été faite par la Société des Gens de Lettres. Rodin avait accueilli cette proposition avec un vif enthousiasme. La figure de Balzac l'avait toujours hanté et la *Comédie humaine* était depuis longtemps un de ses livres de chevet, comme contrepartie à la *Divine Comédie*. Rodin se mit à l'ouvrage avec cette ardeur contenue, cette patience et ce scrupule qu'il apportait dans l'élaboration de tous ses travaux. Nulle œuvre ne fut étudiée par le maître avec un intérêt plus passionné. Le Musée de Meudon offre un témoignage vraiment éloquent des soucis que lui donna la conception de cette grandiose figure. On y peut compter environ une vingtaine d'études ou d'esquisses, les unes représentant Balzac en vêtements contemporains, en veston et en pantalon, d'autres nu, quelques-unes d'un réalisme emprunté aux portraits véridiques du temps, c'est-à-dire avec des jambes courtes et un développement abdominal exagéré ; d'autres enfin, revêtues de cette ample robe de chambre romantique dont son héros est tout enveloppé, parti-pris qu'il adoptera définitivement, puisqu'il permettait de dissimuler les tares du corps et de porter tout l'intérêt sur la face étrange et puissante, révélatrice de ce cerveau monstrueux. Rodin s'entoura avidement de tous les documents et, comme ce fut toujours chez lui un besoin impérieux, il voulut s'appuyer sur la vie. Il chercha partout et il finit par trouver, dans le pays tourangeau, un être humain qui offrait des similitudes de traits sensibles avec son héros. Après toutes ces recherches et tous ces essais, il s'arrêta à cette énigmatique et hautaine figure qui reste son œuvre la plus originale et la plus saisissante.

Il est évident qu'il a peu à peu brodé sur la nature jusqu'à ce que ce rêve du Balzac devînt comme une sorte de cauchemar. C'est un Balzac vu dans la fièvre, un Balzac traité avec une vision de somnambule.

Il m'expliqua à ce propos qu'il faut toujours de la « Nature » pour ses compositions, qu'elle lui donne tous les mouvements, tous les groupements, tous les gestes. Au lieu de partir de l'idée préconçue d'une composition, il n'a qu'à puiser dans ce vocabulaire de formes que lui a fourni la Nature, qu'à associer les figures et elles semblent s'appeler, se chercher.

Ce qu'il essaye de marquer surtout dans ses esquisses, ses « notes », c'est avec le mouvement, le geste, l'indication du modelé, c'est-à-dire du rapport des saillies et des creux. Il en est ainsi de très curieuses et de très expressives par l'exagération voulue des reliefs et des renfoncements.

Donc, en 1888, la Société des Gens de Lettres avait ouvert une souscription qui avait produit 36.000 francs pour élever un monument à Balzac. La statue fut confiée à Chapu qui, à sa mort, en 1891, laissait son projet à l'état d'ébauche inutilisable. Rodin accepta, à la demande de Zola, président de la Société, de prendre la succession. Une avance de 6.000 francs avait été faite à Chapu ; Rodin consentit au chiffre réduit de 30.000 francs.

Mais, dès 1896, les tribulations de Rodin commencent. Les souscripteurs s'exaspèrent du retard apporté par Rodin à la livraison de la statue qu'il avait promise pour 1894 et la Société des Gens de Lettres prend à son égard une première mesure offensante en l'obligeant à restituer les 10.000 francs qui lui avaient été avancés.

Ce fut bien pis au Salon de 1898, où Rodin exposa la statue. Elle fut absolument incomprise du public et même de bien des partisans de Rodin. Le groupe du *Baiser* qui l'accompagnait, avec sa magnifique architecture humaine, son exécution serrée, son style d'une vraie grandeur antique, loin de valoir à Rodin la bienveillance du public et de lui ouvrir les yeux sur l'autre envoi, ne servait, par l'opposition qu'on se plaisait à faire des deux sujets, qu'à la condamnation du *Balzac* Le Comité de la Société des Gens de Lettres refusa l'œuvre. Le président, Jean Aicard, démissionna en signe de protestation. Rodin, avec dignité, sans bruit, sans attitude tapageuse, reprit simplement sa statue et renonça même, malgré les instances de ses amis, à réclamer l'indemnité que le contrat lui assurait. Le monument de Balzac fut alors confié à Falguière et la conduite de cet artiste envers Rodin fut, en cette circonstance, si correcte et si cordiale qu'une certaine intimité s'établit alors entre eux et que c'est à cette occasion qu'ils firent échange de portraits, Falguière exécutant le buste de Rodin, Rodin celui de Falguière, exposé au Salon de 1899. Comme je demandais alors à Falguière : « Comment faites-vous votre Balzac ? » il me répondit avec humour : « J'ai assis celui de Rodin. »

Pour ces périodes antérieures à 1900, il n'y a plus d'autre tentative monumentale, de tentative, du moins, qui ait abouti. Il y avait bien eu un projet de monument au *Président Vicunha* pour le Chili, et M. Maillard donne une description de la figure et des bas-reliefs du socle, mais je n'ai pu trouver aucune trace d'exécution ni même d'esquisse de ce monument. Quant au monument du *Général Lynch* (1886), il demeura à l'état d'esquisse, au grand regret de Rodin, qui avait toujours rêvé d'exécuter une statue équestre. Cette petite maquette, heureusement conservée, a un fier caractère. Le général est monté sur un cheval fougueux et, de la main droite, au bout de son bras tendu, semble indiquer le champ de bataille et donner des ordres à la Victoire. On peut regretter avec Rodin, que les événements politiques qui troublèrent les républiques sud-américaines, aient mis fin à ces deux projets.

En 1899, au Salon, avec ce buste de Falguière, Rodin envoyait le bronze de son *Eve*, qui remontait à près de vingt ans. Mais l'année 1900 va de nouveau changer sa situation, le consoler de ses derniers déboires et ouvrir la dernière grande étape de sa carrière.

A l'Exposition Universelle proprement dite, il n'envoyait que son marbre du *Baiser*, appartenant à l'Etat, ainsi qu'un buste en plâtre ; il y était, d'ailleurs, désigné comme membre du Jury. Mais, à l'instar de Courbet et de Manet, il conçut et réalisa le projet d'organiser à part, en dehors de l'enceinte de l'Exposition, un ensemble imposant de son œuvre, de manière à la faire juger par le grand public. Il fut donc autorisé à faire élever au rond-point de l'Alma un pavillon spécial assez vaste où il réunissait 168 ouvrages : marbres, bronzes, plâtres, entourant la *Porte de l'Enfer*, aux panneaux dépouillés alors des sculptures trop en saillie, accompagnés d'un grand nombre de cadres de dessins de toutes les époques de sa carrière[1]. Les discussions recommencèrent, mais les temps étaient changés, l'opinion était retournée. Les musées étrangers s'empressaient de demander au maître des reproductions de ses principaux ouvrages et les amateurs d'Allemagne, d'Angleterre ou d'Amérique allaient lui commander soit leurs bustes, soit des répétitions en marbre ou en bronze de ces petits sujets, empruntés le plus souvent à d'anciens éléments de la Porte de l'Enfer, que Rodin, pressé de sollicitations de toutes parts, se plaira à reprendre avec amour dans la dernière période de sa carrière, alors que les grands monuments à exécuter lui font défaut. Il est désormais illustre dans le monde entier. Les jeunes sculpteurs de l'étranger viennent briguer ses enseignements. Que d'Anglais, que d'Américains, que d'Allemands, de Hongrois et de Tchèques viennent frapper à sa porte et se succéder dans ses ateliers ! Il a fondé même cette année 1900, avec ses élèves et amis, Bourdelle et Desbois, sous le nom d'Académie Rodin, un atelier de sculpture, boulevard du Montparnasse.

C'est le moment de sa vie où Rodin va voir venir, sinon la fortune, du moins un bien-être auquel il n'était pas accoutumé. Jadis, après avoir erré, au retour de Belgique, de la rue des Fourneaux au boulevard de Vaugirard, puis au boulevard d'Italie, dans une vieille bicoque du XVIIIe siècle, près de la Bièvre, à moitié en ruines et dont il acheta, du reste, une partie des démolitions, car il adorait les vieilles pierres, il s'était installé à Sèvres et à Bellevue et il avait fini par

1. Ce pavillon fut ouvert le 1er juin. Le catalogue comprenait, en guise de préfaces, quatre avant-propos de Carrière, Jean-Paul Laurens, Claude Monet et Albert Besnard.

acquérir un petit pavillon en style Louis XIII, très bourgeois et très modeste, sur le haut du coteau du Val-Fleury, à Meudon. Ce pavillon dénommé la Villa des Brillants avait été construit pour une artiste miniaturiste, Mme Delphine de Cool. Rodin, après l'Exposition de 1900, y transporta son pavillon de la place de l'Alma. Les frais de cette manifestation, qu'il avait estimés à une somme d'environ 80.000 francs, avaient doublé, mais la vente d'un assez grand nombre de moulages avait comblé ce déficit.

Rodin installa dans ce vaste hall ses innombrables modèles et en fit son grand atelier. A ce moment, également, l'amour des vieilles pierres lui faisait accueillir chez lui tous les marchands d'antiquités et il accumulait dans sa maison, et bientôt même dans un local qu'il fit édifier spécialement, les antiques grecs, romans, égyptiens, voire de notre moyen âge français. Car les possesseurs s'empressent de les lui présenter, sûrs qu'il ne marchandera jamais le prix d'un beau morceau. Tout le plus clair de ses revenus, en ces années plus fortunées, est passé à l'achat de ces antiques qui forment aujourd'hui un important ensemble. C'est, d'ailleurs, pour eux qu'il rêvera de fonder ce musée et c'est à cette intention qu'en 1905, il achète les ruines du château d'Issy en démolition et qu'il tente de le réédifier dans sa propriété. Il fut arrêté dans ce dessein par l'énormité de la dépense : seule, la façade a été élevée et sert de fond solennel à son tombeau.

A cette époque de sa carrière, plus libre, plus heureux, matériellement du moins, Rodin se dépense plus volontiers. En 1902, il se rend à Prague où un de ses élèves, Maratka, lui prépare une réception triomphale, à l'occasion d'une exposition d'un ensemble de ses œuvres. En 1903, il est nommé commandeur de la Légion d'honneur. En 1901, en 1905 et en 1907, il se rend à Londres, où il est reçu royalement aussi bien par toute la haute aristocratie que par le peuple des artistes ; il passait toutes ses matinées au British

Museum devant les sculptures des Assyriens ou les métopes et les frises du Parthénon, accompagné, le plus souvent, de Charles Cottet, pour qui il professait une particulière estime et une vive amitié, et de moi-même. Je le conduisis également, en 1906, en Alsace où nous venions d'organiser à Strasbourg, sous son patronage, la première manifestation d'art français depuis les événements de 1870. Il suivit ensuite en Espagne Zuloaga, sans pouvoir, toutefois, partager son admiration pour le Greco. En 1906, il se fixa quelques semaines à Marseille, à l'occasion de l'Exposition coloniale et c'est là qu'il exécuta cette rare et charmante collection de dessins ou d'aquarelles d'après les danseuses cambodgiennes du roi Sisowath. Et il continue ses vagabondages artistiques dans tous les coins de la France, profitant du séjour chez quelques amis ou s'offrant quelques escapades au milieu de son existence absorbée par le travail et débordée par les nouvelles obligations de sa situation exceptionnelle, afin d'aller étudier et contempler à loisir les petites églises de village.

En fait de grands travaux, durant cette période, il n'est pas très heureux, car aucun des projets auxquels il s'attache ne reçoit d'accomplissement. En 1898, il avait conçu un *Monument au Travail*. C'est une idée qui avait hanté également, deux de ses vieux camarades, Constantin Meunier et Jules Dalou. Rodin, qui se plaît à rappeler qu'il est, comme les grands imagiers des cathédrales « un artiste » et aussi « un plébéien », avait résolu de glorifier le Travail, qui fut la loi de toute sa vie, en exaltant par sa création, le labeur du peuple. Son monument était construit comme une tour en spirale sur laquelle devaient être tracées en bas-reliefs toutes les manifestations du travail et que couronnaient, à la cime, les *Bénédictions*. Rodin comptait, pour la réalisation de son rêve, sur un concours américain, qui ne vint pas. Seul le groupe supérieur des *Bénédictions* a été exécuté. Rodin avait été chargé du monument à Baudelaire ; il abandonna cette commande après avoir, toutefois, modelé une étude de la tête. Il recevait la commande du monument *Whistler*, une figure allégorique de femme tenant un médaillon sur lequel devaient être fixés les traits de l'illustre peintre américain. Le visage de la femme est d'une inexplicable laideur qui montre son indifférence pour la beauté des traits ; cela semble ici une mystification et Whistler, le grand mystificateur, aurait-il été condamné par la Justice immanente, à être mystifié à son tour? Une grande étude pour ce monument fut même exposée au Salon. Mais, après la mort de l'auteur, le Comité de Londres refusa cet ouvrage. Rodin avait accepté, avec quel enthousiasme ! la proposition de faire le monument à Puvis de Chavannes, cet ami de vieille date envers qui il professait un véritable culte. Il avait choisi une belle figure de génie funéraire qui s'appuyait sur une stèle couronnée par le buste du maître, qu'abritait un pommier de bronze, tout fleuri de pommes d'or. Il avait réduit cette première idée en la confiant au marbre, qui, malheureusement, est resté inachevé à sa mort et n'a pu être utilisé.

D'autre part, il reprenait d'anciens sujets, singulièrement développés par le grandissement, tels que le *Penseur*, le *Poète*, placé au milieu du tympan de sa Porte de l'Enfer, qui fut exposé au Salon de 1904 et qu'un groupe d'amis et d'admirateurs offrit à l'Etat par souscription. Placé d'abord devant le Panthéon, il en fut retiré en raison de l'embarras qu'il causait lors des cérémonies officielles et il a été placé dans les parterres du Musée Rodin. En 1907, il expose l'*Homme qui marche*, qu'un groupe d'admirateurs, auxquels s'était joint l'Etat pour une somme de 2.500 francs, offrait par souscription, en 1911, pour être placé dans la Cour du Palais Farnèse. Mais cet admirable morceau, mal compris de nos diplomates, en a été retiré et a été, depuis, attribué au Musée de Lyon. Rodin avait procédé également à l'agrandissement de l'*Ugolin*, et il avait reçu de l'Etat, en 1907, la commande de la fonte en bronze. Mais l'arrêté fut annulé à sa demande, Rodin désirant, comme il l'a fait, reprendre entièrement ce groupe d'un si étrange et puissant pathétique.

A ce moment, du reste, il reçoit de l'Etat de nouvelles et précieuses marques d'admiration et de sympathie. Le Musée du Luxembourg ne cesse de s'enrichir, sans compter, de ses ouvrages. Le sous-secrétaire d'Etat, Dujardin-Beaumetz qui, par son éducation, semblait lié à des formes d'art plus traditionnelles, s'était, peu à peu, converti aux hardiesses de ce génie novateur et il s'était attaché à la gloire de Rodin au point, lorsqu'il fut déchu de son ministère, de le suivre dans la retraite de son atelier et de lui prendre, à l'imitation de Paul Gsell, des interviews qu'il a consignés sous la forme d'*Entretiens*. Il aida le Luxembourg dans ses enrichissements qui comprirent jusqu'à quarante-deux ouvrages du maître, ce qui donna au conservateur l'idée, en 1908, de constituer, avec cet apport, le fonds d'un musée Rodin qui serait établi au Séminaire St-Sulpice, alors affecté au musée projeté. Et c'est là, comme il a été dit plus haut, que devait s'élever la Porte de l'Enfer entourée des fresques que le sous-secrétaire d'Etat commandait en 1910, pour le prix de 10.000 francs, et dont je lui suggérai la disposition et le sujet.

Comme travaux monumentaux, il reste à signaler la décoration, exécutée pour la villa de Mme Foa, à Evian, la *Sapinière*, sur la commande du baron Vitta, décoration qui comprenait deux frontons représentant les quatre saisons et deux grandes jardinières reprenant le même sujet sous la forme de petits amours, jouant dans les blés ou se roulant dans les pampres. Cette décoration fut exposée au Musée du Luxembourg en 1905, avec l'ensemble de l'œuvre gravé de Rodin.

Il reste encore un monument peu connu, c'est le tombeau de Sourisseau, au cimetière de St-Acheult, à Amiens. Sur un bloc de marbre, une figure de femme gît, les ailes brisées ; reprise d'un thème : l'*Illusion, fille d'Icare*, l'*Ange déchu*, etc., que Rodin a maintes fois répété sous diverses formes.

◘

A travers tous ces vastes travaux, Rodin a laissé deux catégories d'ouvrages qui eussent suffi, chacune, à illustrer à jamais la carrière d'un artiste. Il y a d'abord la série de ses portraits. Michel Ange, à qui on a si souvent comparé Rodin, n'aimait pas faire des portraits. On sait ce qu'il répondit au sujet de son *Julien de Médicis* qu'on hésitait à reconnaître : « Dans mille ans, qui se souciera de sa ressemblance ». Rodin, au contraire, a particulièrement goûté cette forme d'art, bien qu'il n'ait pas eu souvent de satisfaction avec ses modèles. Il aime le portrait parce que c'est le travail avec la nature et qu'il sait qu'il y a toujours du nouveau et de l'inattendu à découvrir chez elle. Et puis, son esprit méditatif prend plaisir à plonger dans la profondeur de la vie individuelle d'un être humain et à scruter toutes les particularités de son caractère. Aussi ses bustes laissent-ils une impression inoubliable. Nous avons vu, dès l'origine, à quel point il excelle dans les portraits de son père ou du père Aymard. Ses facultés de pénétration psychologique s'accentueront encore avec sa compréhension de plus en plus large, de plus en plus simple et synthétique, de son métier de statuaire. Aux premiers bustes de *Dalou*, de *Carrier-Belleuse*, d'*Alphonse Legros*, de *Jean-Paul Laurens*, de *Victor Hugo*, d'*Antonin Proust*, d'*Henri Becque*, de *Rochefort*, de *Mme Vicunha*, de *Mme Russell*, qui sont des chefs-d'œuvre de premier rang, on peut ajouter plus tard ceux de *Berthelot*, d'*Eugène Guillaume*, de *Lord Howard de Walden*, de *Mrs Hunter*, de *Lady Warwick*, de *Mrs Simpson*, de *Bernard Shaw*, de *Gustave Mahler*, et les trois derniers ouvrages de sa carrière : les bustes de *Clémenceau* (1913), du *Pape Benoît XV* (1915) et d'*Etienne Clémentel* (1916) qui sont encore, s'il est possible, d'une puissance expressive supérieure.

La seconde catégorie comprend le peuple innombrable des sujets divers et indépendants, auxquels s'est plu son imagination, sa fantaisie, sa recherche pure et libre de la forme. La plupart des sujets sont empruntés à la Porte de l'Enfer ou proviennent d'études abandonnées pour ce grand travail. Mais Rodin les tourne, les retourne, les combine entre eux. Nous ne rappellerons pas l'*Adam*, l'*Eve*, l'*Ombre, Ugolin*, le *Baiser* lui-même qui, sous sa première dénomination plus conforme au sujet, de la *Foi*, appartenaient à la conception de la Porte de l'Enfer ; mais, en dehors de ces grandes œuvres, devenues classiques, il y a une foule de petits sujets dont il est impossible de dresser le catalogue, car un grand nombre a été dispersé à l'étranger, petits bronzes exquis, merveilleux petits marbres que Rodin aimait à assimiler aux morceaux de réception des membres de l'Académie royale, qui foisonnaient dans ses ateliers, sur lesquels il se plaisait constamment à revenir, les modifiant et les interprétant à tel point qu'il est certains sujets, comme le n° 57, du musée, l'*Amour emportant ses voiles*, où Rodin a retiré une figure, mais a oublié de supprimer les jambes. A la fin de sa vie, ces travaux sont, avec quelques bustes, ceux auxquels il se plaît le plus volontiers. Il travaille à tous à la fois, un peu chaque jour, selon l'inspiration ou le caprice, marquant au crayon, ainsi qu'on peut le constater à l'Hôtel Biron, les corrections à faire par les praticiens qui collaboraient avec lui, prenant lui-même à l'occasion l'outil à la main.

Sa distraction du dimanche, à Meudon, lorsqu'il avait échappé à la curiosité des visiteurs étrangers, attirés par sa gloire et que sa patience bienveillante ne rebutait pas, était de se livrer à de nouvelles et originales combinaisons de groupes formés d'éléments déjà anciens et, pour faciliter son travail, il avait même fait préparer d'avance ce qu'il appelait « ses abattis », c'est-à-dire un jeu de bras, de jambes, de mains ou de pieds dont il se servait pour ses compositions. Ce qui n'allait pas tout à fait était repris sur le marbre.

Il me montra une fois une petite tête d'après un modèle de qui je n'ai pu bien retenir le nom ; le haut de la tête est beau, le front et les yeux, profonds, tragiques. Mais le bas a été déformé par un accident quelconque et la bouche en est affreusement dénaturée. Cela ne l'a pas empêché de la grandir à une échelle colossale, sans modifier cette bouche.

Ce même jour, il travaillait avec un praticien à mettre de la plastiline sur le masque grandi d'Anako :

— « Savez-vous ce que je vais faire là ? »

— « Non, pas du tout... »

— « Devinez ! »

— « Je ne sais pas... »

— « Vous ne voyez pas ? Regardez bien ! A qui cela ressemble-t-il particulièrement ? »

— « Eh bien ! mais, c'est Anako. »

— « Oui, mais encore, vous ne voyez pas ainsi avec cette chevelure, à qui cela fait penser ? »

— « Ma foi ! non ! »

— « C'est Beethoven... Je vais en faire un Beethoven... »

Il m'en fit voir un certain nombre d'apparences informes et auxquels il tenait tout particulièrement. Et il m'a expliqué pourquoi : Quand il aperçoit que le modèle lui donne un mouvement imprévu, intéressant, en dehors de toute pose, il essaie aussitôt de le saisir avec la glaise, comme il a fait tant de fois avec ses croquis et dessins, mais ici ce sont des notes ronde-bosse, qui lui donnent tous les profils. C'est ainsi que certaines de ces « notes sur la vie » qui semblent informes, se retrouvent dans des morceaux célèbres, auxquels ils ont servi de point de départ. Au cours de ses explications, nous regardons avec attention chaque sujet qui passe. Lorsqu'il en est d'insuffisant, il ne craint pas de dire : C'est grossier, c'est mauvais, cela ne signifie rien, — ou : Il y a mieux — ou : C'est informe... Mais lorsque quelque beau morceau vient dans nos mains, il dit paisiblement, mais avec un ton chaud dans la voix : « C'est beau ! C'est admirable ! », avec un détachement complet, comme si c'était d'un autre. Ce qu'il aime le mieux qu'on dise, — et qu'il dit de préférence quand il est content : « C'est comme l'antique !... » Et c'est vrai.

Nous avions trouvé ainsi une minuscule esquisse, d'à peine douze à quinze centimètres de hauteur, mais déjà, celle-ci, d'une exquise délicatesse dans les indications du modelé, qui est le point de départ tout à fait complet de son groupe de l'*Eternelle Idole.* C'est une jeune femme debout, se tenant la jambe droite repliée en arrière avec la main et un homme est agenouillé contre elle, la tête sur ses flancs, dans une attitude respectueuse d'adoration.

C'est à ce monde de créations, si intenses d'expression et de vie, si variées de présentation, d'attitudes et de gestes au point qu'elles étonnent et détonnent dans la pauvreté de la mimique adoptée par l'Ecole, qu'appartiennent d'abord toutes ses reprises du groupe émouvant qui a formé le *Baiser*, cette idylle tragique de *Paolo Malatesta et Francesca da Rimini* qu'il traduit sans prévoir le poignant épilogue : *Paolo et Francesca, Paolo et Francesca dans la tourmente,* l'*Eternel Printemps*, duo qu'il reprend avec *Roméo et Juliette,* le *Poète et la Muse, Zéphyre et Psyché,* l'*Amour et Psyché, Pygmalion et Galatée,* l'*Aurore et Typhon, Daphnis et Chloé,* et toutes ses *Satyres et Faunesses, Nymphes et Satyres, Sirènes, Néréïs, Iris, Sphynges,* auxquels il faut joindre les *Illusions, Fugit Amor,* la *Mort d'Adonis,* la *Jeunesse triomphante,* le *Lys brisé, Frère et Sœur,* la *Mort d'Alceste, Désespoir,* la *Mer, Jeux de Nymphes,* la *Centauresse, Triton* et *Néréides sur un Dauphin,* la *Création de la Femme,* pour ne citer que quelques titres d'une nomenclature qu'on ne pourrait donner que très incomplète, voluptueuses et délicieuses manifestations de son génie plastique et de son culte passionné de la femme qu'il a résumé dans le groupe expressif et symbolique de l'*Éternelle idole.*

◘

A partir de 1900, l'existence de Rodin a beaucoup changé : nommé membre du Jury pour l'Exposition Universelle, il était fait commandeur de la Légion d'honneur en 1903, à la suite de l'Exposition d'Hanoï et promu grand officier en 1910 à l'occasion de son 70e anniversaire, qui fut fêté par un grand banquet à l'Ermitage de Longchamp. Il était partout honoré, fêté, c'était loin d'être le méconnu d'antan, bien qu'il affectât toujours, avec un singulier plaisir, de se considérer comme un persécuté.

Les visiteurs étrangers affluaient chez lui, du côté américain surtout, car il y avait formé beaucoup d'élèves ; on recueillait, en Amérique, ses œuvres avec enthousiasme et, même, un riche amateur, M. Thomas Ryan, dont il avait fait le buste, a constitué une salle Rodin au Musée Métropolitain, enrichi déjà des dons de Mrs Simpson, une autre amie. Aussi se plaignait-il d'être absorbé par ces importunités et ces démonstrations et de ne pouvoir travailler. « C'est bien votre faute, lui dis-je, un jour qu'il me faisait ses doléances, pourquoi les recevez-vous ? On vous signale dans les Guides comme une des Curiosités de Paris. On vient vous voir comme on vient voir la Tour Eiffel. »

C'est en 1907 qu'il s'établit à l'Hôtel Biron. Le local venait d'être acquis par l'Etat, à la liquidation de la Congrégation, dissoute en 1904. Rodin, qui cherchait depuis longtemps une installation plus commode que ses ateliers encombrés du Dépôt des marbres et qui rêvait de découvrir une vieille demeure du XVIIIe siècle, analogue à celle qu'il avait occupée sur la Bièvre, trouva, dans cette circonstance, ses vœux comblés. L'Administration des Domaines avait mis en location toutes les parties de l'ancien couvent. Le comédien de Max avait loué la chapelle, sur la rue de Varenne, où il avait installé l'électricité pour y donner de grandes fêtes. Ce n'est donc point l'œuvre de Rodin ni sa Porte de l'Enfer, qui est l'exaltation même du grand poème catholique, qui l'avait profanée. Quelques artistes, entre autres un sculpteur allemand, Rilke, dont la femme fut quelque temps une des innombrables secrétaires qui se succédèrent chez Rodin, étaient ses voisins ; elle a même écrit un petit livre sur lui. Puis, un beau jour, les autres locataires ayant été congédiés, en 1911, Rodin fut accepté comme seul occupant, avec un loyer annuel d'environ 6.000 francs.

Il n'habita jamais, au sens propre du mot, l'hôtel Biron, bien qu'il y eut prévu une chambre. Ce ne fut, du moins, que momentanément et accidentellement, pour éviter l'hôtel dans les quelques rares sorties nocturnes que sa situation l'obligeait à accepter ; car il y résistait le plus possible, ménageant sa santé et ses jours et rentrant, le plus exactement qu'il pouvait, le soir, pour le dîner, à Meudon. C'est à Meudon qu'il restait toute la matinée et le dimanche et c'est là qu'il exécutait ses travaux. Il n'a guère fait à l'hôtel Biron que quelques rares bustes, des figurines d'après de petits modèles de ballerines ou d'acrobates, pour avoir la mobilité des mouvements ; et c'est là surtout qu'il se livrait, avec délectation et comme à un véritable délassement, à cette incroyable production de croquis et de dessins aquarellés — ces « éclairs de dessin », — comme il les appelait, dans lesquels, à l'imitation des anciens décorateurs de vases grecs, il s'exerçait à filer d'un trait sûr les profils sinueux d'un corps mobile.

Il se plaisait infiniment dans cette aimable maison, dont il aimait l'architecture élégante et discrète, bien française, qui évoquait pour sa pensée toujours curieuse du passé, des souvenirs de la vieille société aristocratique de ce quartier, et où il trouvait que ses petits marbres étaient si bien d'accord avec le milieu. Il aimait surtout le jardin, magnifique dans son abandon, dans sa sauvagerie pleine de grâce, où la Nature, sa grande amie à laquelle il ne cessa d'être fidèle, avait repris tous ses droits. Il ne pensait pas toujours à montrer à ses visiteurs ses marbres, mais il ne manquait jamais de leur offrir la vue de son jardin. Il y passait de longues heures, comme il faisait, le matin, dans son allée de Meudon, cueillant quelques brins d'herbe, quelque fleurette, la considérant longuement et silencieusement, s'asseyant sur les marches du perron, fixant hâtivement ses observations et notant ces « pensées » qu'il laissait piller sans protestation.

Aussi comprend-on qu'au moment où il se proposa d'offrir à l'Etat ses collections d'antiques et ses œuvres, le dessein lui vint de faire de l'Hôtel Biron le siège de son musée. Cela lui permettait d'y rester lui-même comme conservateur, condition essentielle de sa donation. C'est pour ce motif qu'il renonça définitivement à poursuivre sa construction de Meudon et qu'il abandonna la combinaison du Séminaire St-Sulpice. Nous reviendrons plus loin sur ce sujet.

En 1912, il fit un voyage à Rome. Il s'était passé bien des années depuis qu'il y était venu. Il y arrivait, certes, dans de toutes autres conditions. Il était l'artiste désormais le plus illustre de son temps ; aussi est-il royalement reçu et le maire, M. Nathan, fait illuminer pour lui le Capitole. Il a conté lui-même les impressions de ce séjour dans un article du journal *Excelsior*, du 18 février 1912. Ce n'est ni le premier, ni le dernier article qu'il écrira, car Rodin prend goût aux divagations de la plume ; il ne refuse pas de donner ses avis et de faire connaître ses impressions. Ce grand silencieux, généralement peu prodigue de paroles et qui ne se détend en bonnes causeries que dans l'intimité d'amis sûrs, éprouve le besoin de répandre le fonds d'observations accumulées en lui. Il y attache une vertu d'enseignement. Il donnera — après les avoir révisés lui-même, — ces *Entretiens* si précieux et si originaux à Paul

Gsell ; plus tard, il s'abandonne volontiers encore avec Dujardin-Beaumetz et c'est dans ses derniers jours que j'ai pu compléter et rectifier auprès de lui, les détails de sa biographie, omis ou erronés.

En 1913, où nous notons l'exécution du buste de Clémenceau, portrait admirable de psychologie, que ne comprit pas le grand homme d'Etat et qui le fâcha avec Rodin, le maître est de plus en plus préoccupé de sa donation. Il en fait l'offre officielle à l'Etat, une commission est nommée pour étudier la question que le ministre Léon Bérard était heureux de trancher, suivant les vœux du grand statuaire, puisque cela sauvait l'affectation de ce charmant palais, convoité de toutes parts. Il restait ainsi voué aux arts et cela conservait à la France un ensemble d'œuvres qui risquait de passer à l'étranger, où on le désirait ardemment. Un inventaire fut dressé pour les antiques, par les conservateurs du Louvre. Je fus chargé, à la demande de Rodin, de l'inventaire de ses propres œuvres. On devine l'intérêt qu'eut ce travail en commun.

Mais l'affaire tirait en longueur et, en 1914, rien n'était encore définitif. Il y avait, du reste, du côté de Rodin, sur des conseils plus ou moins avisés, de continuels amendements ou modifications.

En cette année 1914, au printemps, Rodin était allé à Londres où des dames de l'aristocratie avaient organisé une exposition d'un ensemble de ses œuvres. Il laissa, par la suite, 18 bronzes ou marbres importants à l'Angleterre, pour son musée du South Kensington, heureux de marquer par ce témoignage son admiration pour le peuple anglais, levé spontanément pour courir au secours de la Belgique envahie. C'est au retour de ce voyage, où je l'avais suivi que, après maints rendez-vous manqués, je parvins à conduire, la veille même de la déclaration de guerre, le 31 juillet à Meudon, le 1er août à l'hôtel Biron, le président de la Commission du Budget à la

Chambre des Députés, Etienne Clémentel, vieil admirateur de Rodin, dont le buste est le dernier ouvrage qu'ait signé le maître en 1916. Il prit l'affaire en mains, malgré la gravité des événements, et la fit aboutir.

Rodin, du reste, fut bientôt obligé de retourner à Londres. Son personnel était mobilisé. Il était seul à Meudon ; on le menaçait de l'envahissement de l'hôtel Biron par des œuvres de guerre ; il resta quelques mois en Angleterre, puis il descendit en Italie et c'est là qu'il exécuta le buste de Benoît XV, dans les conditions qu'Albert Besnard a consignées avec quelque humour dans ses *Souvenirs sur Rome.* Il revint à Paris en juin 1915. A partir de ce moment, il n'est plus préoccupé que de sa donation et de l'installation de l'Hôtel Biron, où on tardait à mettre le chauffage central, qu'il attendait impatiemment pour y travailler l'hiver. L'acceptation de sa donation fut signée enfin le 1er avril 1916. Mais ce n'était encore qu'une acceptation provisoire par le ministre. Ce contrat devait être ratifié ensuite par le Parlement.

Sur ces entrefaites, un triste et grave accident se produisit. Le 10 juillet, Rodin, préoccupé, surmené, épuisé par le travail, la fatigue, les émotions et les soucis, était subitement frappé par une congestion cérébrale. Il s'en remettait lentement, mal soigné, à côté d'une pauvre femme malade, elle aussi, et incapable de mettre de l'ordre dans une maison qui était devenue un foyer d'intrigues et que l'on commençait à mettre au pillage. Le sous-secrétaire d'Etat intervint, quelques amis fidèles s'entremirent pour veiller sur le maître et sur ses collections. Il se rétablit peu à peu, mais renonça désormais à tout travail. Il déclarait, d'ailleurs, qu'il avait assez travaillé et qu'il souhaitait se reposer. Il n'avait plus qu'une idée : la ratification de sa donation et l'organisation de son musée avec l'aide du mandataire qu'il s'était choisi et qui, non sans luttes et sans peines, a pu mener l'œuvre à bonne fin. La première donation, rectifiée, car elle était insuffisante à faire vivre son musée et contenait des dispositions dangereuses, était complétée par une deuxième donation, le 13 septembre, et par une troisième, qui n'était, du reste, que le complément de la précédente, le 25 octobre 1916. Le Parlement, enfin, terminait toutes ces tribulations en acceptant définitivement, après bien des discussions passionnées, l'ensemble de ce don inestimable pour lequel Rodin ne demandait qu'un abri en échange. Il donnait à l'Etat non seulement ses collections, ses œuvres, son domaine de Meudon, mais tous ses droits d'auteur sans exception. Et c'est grâce à ces généreuses dispositions que les deux musées de l'Hôtel Biron et de Meudon ont pu être entièrement installés, meublés, organisés et gardés, que certaines œuvres ont pu être mises en état ou même réalisées, que l'avenir, au point de vue financier, est désormais assuré, au bout seulement de cinq ans de fonctionnement, sans qu'il en ait coûté le plus léger sacrifice à l'Etat.

Rodin, hélas ! n'a pu assister à l'achèvement de ce projet ni jouir du triomphe de ses grandes œuvres réunies. Les élus sont toujours arrêtés à la porte de la Terre Promise. Ses derniers jours s'écoulèrent paisiblement. On lui avait promis la grand-croix de la Légion d'honneur à l'occasion de sa donation, mais cette promesse fut oubliée. L'Institut, qui l'avait jusqu'à ce jour plutôt négligé et où il croyait bien à tort, à cause de quelques esprits hostiles, trouver des animosités unanimes, finit par regretter cette omission et Bonnat, Flameng, avec le secrétaire perpétuel Widor, firent une démarche auprès de Rodin, lui remettant un lettre qui portait vingt-sept signatures. C'était son élection certaine. Rodin fut touché de cette démarche, et surtout de l'attitude de Bonnat, qu'il estimait particulièrement. En raison des circonstances et pour maintenir l'union entre les artistes, il consentit à laisser poser sa candidature au fauteuil devenu vacant par le décès de René de Saint-Marceaux. Mais les choses traînèrent en longueur et il n'était plus, avant le jour fixé pour l'élection.

Sa femme, Rose Beuret, qui portait dorénavant légalement le nom de Rodin, était décédée le 13 février 1917. La fille de son cousin germain, Mlle Henriette Coltat, à qui Mme Rodin montrait une particulière affection, vint la remplacer auprès du maître, aidée de temps à autre, par sa sœur, Mme Jacquart. Rodin ne quittait plus guère la Villa des Brillants, heureux de respirer sur ces hauteurs d'où l'on domine la riche et charmante vallée de la Seine, spectacle dont sa vue n'était jamais rassasiée, et qu'il trouvait un des plus beaux qu'il eût connus. Il venait seulement à l'Hôtel Biron, pour telles réceptions d'étrangers venant lui porter leurs hommages : délégations du gouvernement argentin, ou d'artistes et de littérateurs mexicains, artistes tchèques ou américains, visiteurs de marque et surtout le dimanche, où l'on réunissait autour de lui un petit groupe d'amis et de familiers. Son magnifique tempérament avait repris le dessus, sa santé s'était très notablement améliorée et il prenait même goût à de petites escapades pour assister à des déjeuners amicaux dans quelque restaurant italien de Paris ou surtout, ce qu'il goûtait fort, quelque partie à la campagne. Car il ne se plaisait que dehors. Il lui faut les arbres, le ciel et ses nuées. Dans son volume des *Cathédrales de France*, si précieux par certaines confidences, il note ce besoin impérieux de Nature : « Une chambre me fait mal comme des souliers trop petits qui me blesseraient. » Un soir de novembre, vers quatre heures, par un froid humide et glacial, il commit l'imprudence, malgré les observations qu'on lui fit, de sortir sur ce plateau fortement éventé. Il contracta un refroidissement, qu'on espérait vaincre, mais qui dégénéra en pneumonie et il expirait doucement, le 17 novembre 1917, à quatre heures exactement du matin, entouré de ses deux jeunes cousines et des amis qui ne l'avaient pas quitté.

Il a été inhumé dans l'enceinte de la villa des Brillants, sur le plateau, à côté de sa femme qui l'avait précédé et sous la garde du *Penseur*, dans ce tombeau qu'il avait lui-même constitué.

La production de Rodin est énorme. Les Musées de l'Hôtel Biron et de Meudon ne donnent qu'une imparfaite idée de son importance, car un nombre considérable de ses œuvres est répandu par le monde, étendant sur toutes les écoles le rayonnement de son génie. Son influence est unique dans les temps contemporains et, on l'a répété bien des fois, il faut remonter jusqu'aux grands représentants de la Renaissance italienne pour trouver une figure qui ait pris dans l'art une situation aussi extraordinaire. Son œuvre, elle-même, touffue, immense, faite, malgré les lacunes, les erreurs même, pour bouleverser l'imagination, il faut évidemment remonter à Donatello et à Michel-Ange pour trouver la semblable et pour la fécondité, la variété, la richesse des épisodes sculpturaux, des motifs nouveaux de formes et de gestes, le vocabulaire des conceptions plastiques, je n'en vois guère dans le passé, de plus grand. Il laisse bien loin derrière lui Carpeaux et Puget. Si on faisait ce travail d'érudition et de statistique, de relever, en le comparant à l'un des maîtres les plus illustres, le nombre de gestes inédits, d'attitudes plastiques, qu'il a apportés à l'art, on serait surpris et effrayé de la distance, à ce point de vue de l'invention et de la création, qui le sépare de tous les autres. Le nom de Rodin est populaire dans l'univers entier et non seulement dans l'ancien et le nouveau continent, mais jusqu'au Japon, où un riche et généreux amateur, à qui le Musée de l'Hôtel Biron doit la réalisation en bronze de la *Porte de l'Enfer*, M. Kojiro Matsukata, a créé pour l'offrir à sa nation un musée Rodin. C'est que ce grand révolutionnaire, si on veut l'appeler ainsi, a été le plus fidèlement attaché aux grandes et vraies traditions, par dessus les traditions bâtardes et de seconde main des académies et des écoles. Il a ouvert les plus larges horizons à la statuaire, en la ramenant vers les vrais classiques. Il a lui-même défini son rôle en disant : « Relier le présent au passé, c'est l'action nécessaire » et encore : « Pour mes contemporains, je suis un *pont* unissant les deux rives, le passé au présent... Je suis un chaînon. » Il a « oscillé, disait-il, entre Phidias et Michel Ange », c'est-à-dire qu'il a créé une sculpture à la fois plastique et plus expressive, par un respect absolu des lois de son art et des conditions de la matière et par une compréhension ardente, restée ingénue comme au premier jour, de la Nature et de la Vie ! Son nom, assurément, caractérisera tout l'art de son époque, auquel il donne un lustre exceptionnel ; il est aussi symbolique désormais, pour traduire la grandeur de la statuaire, que les grands noms de ses maîtres de prédilection, qui ont confondu en lui leurs enseignements : Michel Ange et Phidias.

NOTE BIBLIOGRAPHIQUE

L'Art. Entretiens réunis par Paul Gsell. Grasset, Paris, 1911.

Les Cathédrales de France. Un vol. in-4°, illustré de dessins d'A. Rodin. Colin, Paris, 1914.

DUJARDIN-BEAUMETZ. — *Entretiens avec Rodin* (non mis dans le commerce).

LÉONCE BÉNÉDITE. — *Rodin.* Albert Lévy, Paris, 1923.

Les Maîtres Artistes. Numéro consacré à Rodin. Paris, Octobre 1903.

Rodin, l'homme et l'œuvre. Éditions artistiques de *l'Art et les Artistes.* Paris, 1914.

TABLE DES PLANCHES [1]

PLANCHE I
PORTRAIT DE RODIN PAR LUI-MÊME

PLANCHE 2
LE PÈRE DE RODIN

PLANCHE 3
LE PÈRE AYMARD, SUPÉRIEUR DES EUDISTES

PLANCHE 4
L'HOMME AU NEZ CASSÉ

PLANCHE 5
ROSE BEURET

PLANCHE 6
L'AGE D'AIRAIN

PLANCHE 7
SAINT JEAN-BAPTISTE PRÊCHANT

1. Les photographies des œuvres reproduites dans ce volume proviennent : pour les planches 1, 17, 18, 19, 22, 26, 29, des ateliers de M. Bulloz ; pour les planches 2, 3, 4, 5, 6, 11, 14, 21, 30, 32, 33, des ateliers de M. Giraudon ; pour les planches 20, 27 et 35, des ateliers de M. Choumoff ; pour la planche 28, des ateliers de MM. Druet.

PLANCHE 8
ADAM

PLANCHE 9
ÈVE

PLANCHE 10
LES BOURGEOIS DE CALAIS

PLANCHE 11
APOLLON TERRASSANT LE SERPENT PYTHON

PLANCHE 12
LE PRINTEMPS

PLANCHE 13
LA DÉFENSE

PLANCHE 14
CLAUDE LORRAIN

PLANCHE 15
LE BAISER

PLANCHE 16
UGOLIN

PLANCHE 17
L'ÉTERNELLE IDOLE

PLANCHE 18
LA PORTE DE L'ENFER

PLANCHE 19
CARIATIDE

PLANCHE 20
LA MAIN DE DIEU

PLANCHE 21
BALZAC

PLANCHE 22
MADAME VICUNHA

PLANCHE 23
LE PENSEUR

PLANCHE 24
DALOU

PLANCHE 25
PUVIS DE CHAVANNES

PLANCHE 26
DANAÏDE

PLANCHE 27
LES BÉNÉDICTIONS

PLANCHE 28
FRÈRE ET SŒUR

PLANCHE 29
M. CLEMENCEAU

PLANCHE 30
M. CLÉMENTEL

PLANCHE 31
LA PETITE FÉE DES EAUX

PLANCHE 32
SATYRE ET FAUNESSE

PLANCHE 33
LA PENSÉE

PLANCHE 34
LA PRIÈRE

PLANCHE 35
FUGIT AMOR

PLANCHE 36
DESSIN POUR LA PORTE DE L'ENFER

PLANCHE 37
DESSIN POUR LA PORTE DE L'ENFER

PLANCHE 38 AQUARELLE CAMBODGIENNE

PLANCHE 39 VICTOR HUGO (pointe sèche)

PLANCHE 40 BELLONE (eau-forte)

PL. 1. PORTRAIT DE RODIN PAR LUI-MÊME.
PORTRAIT OF THE ARTIST BY HIMSELF.
SELBSTBILD VON RODIN.
RITRATTO DI RODIN DA LUI TESSO.
RETRATO DE RODIN POR EL MISMO.

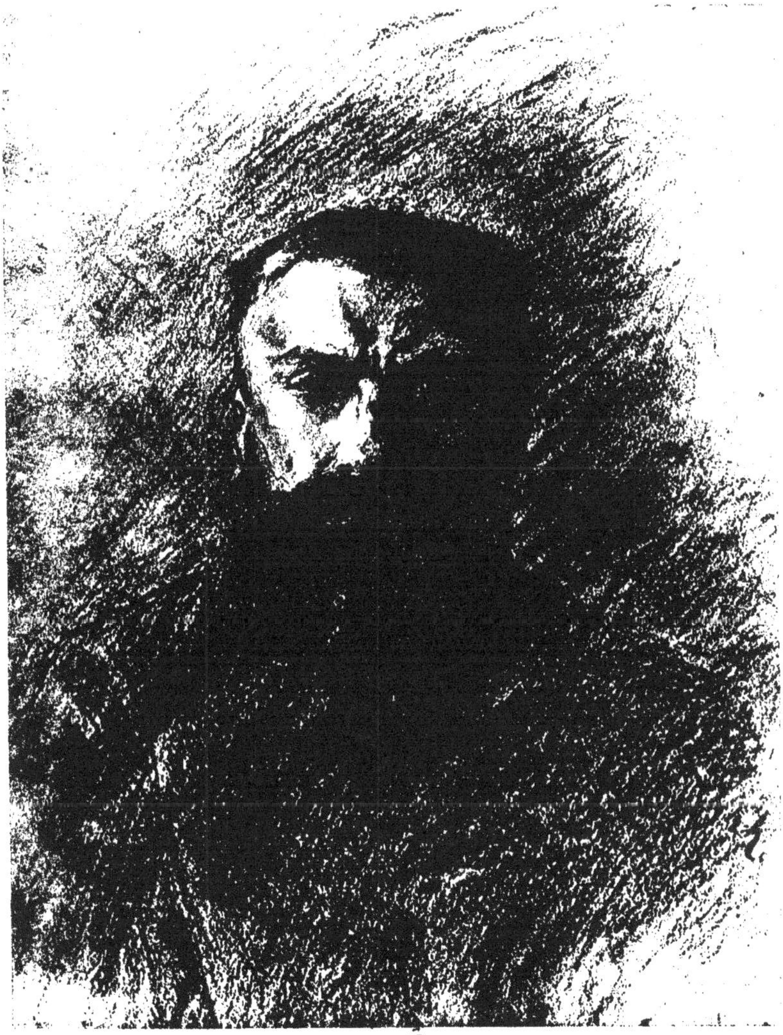

PL. 2. LE PÈRE DE RODIN.
RODIN'S FATHER.
DER VATER VON RODIN.
IL PADRE DI RODIN.
EL PADRE DE RODIN.

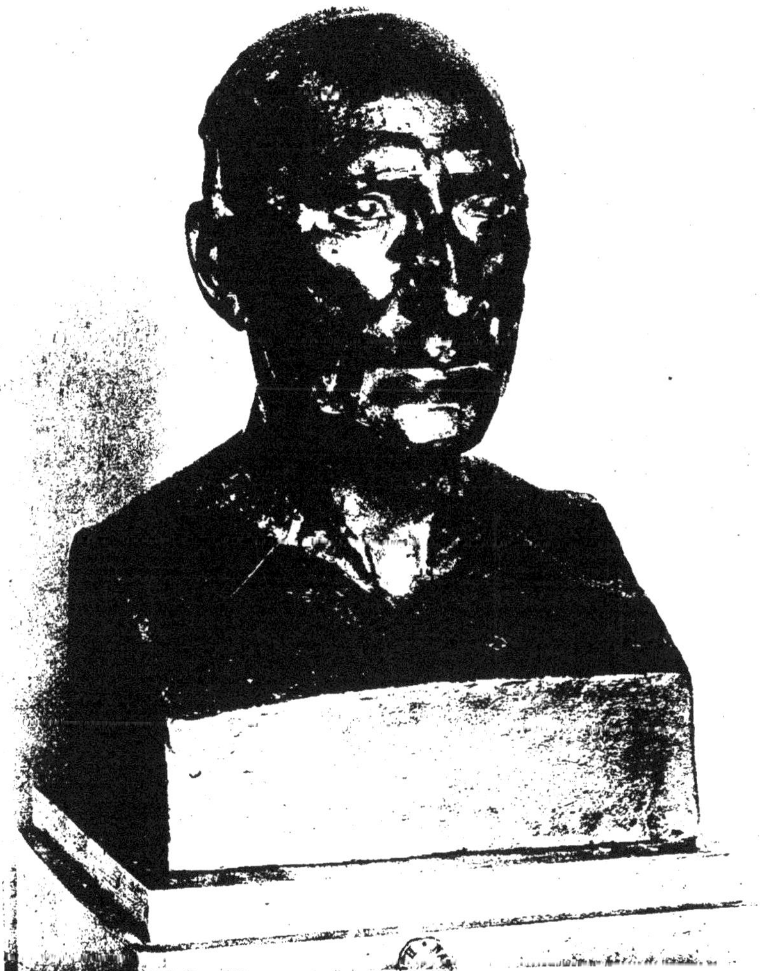

PL. 3. LE PÈRE AYMARD, SUPÉRIEUR DES EUDISTES.
FATHER SUPERIOR AYMARD, OF THE EUDISTS.
PATER AYMARD, SUPERIOR DER EUDISTEN.
IL PADRE AYMARD, SUPERIORE DEI EUDISTI.
EL PADRE AYMARD, SUPERIOR DE LOS EUDISTES

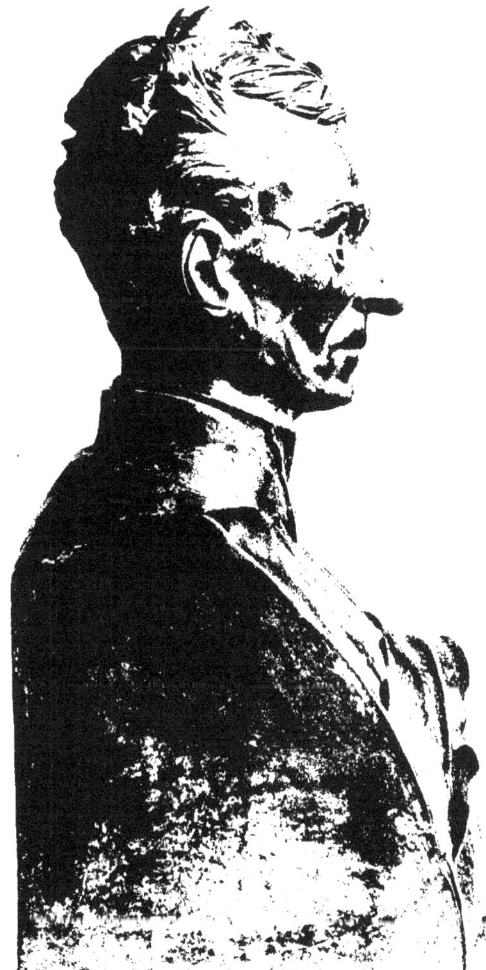

PL. 4. L'HOMME AU NEZ CASSÉ.
THE BROKEN-NOSED MAN.
DER MANN MIT DER ZERSCHLAGENEN NASE.
IL UOMO COL NASO ROTTO.
EL HOMBRE DE LA NARIZ QUEBRADA.

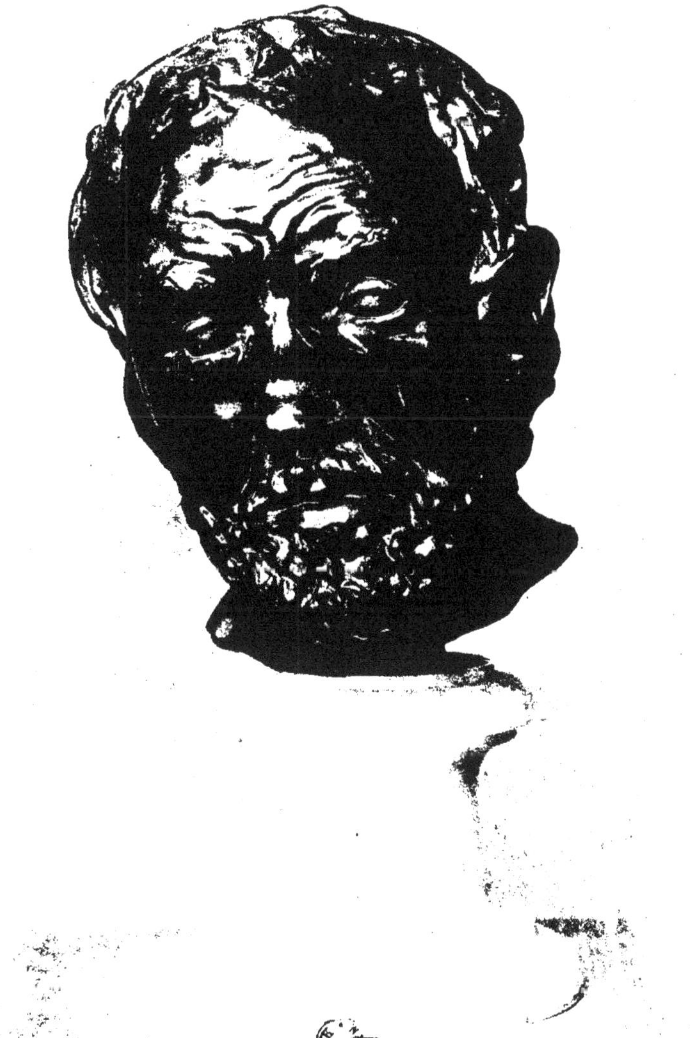

PL. 5. ROSE BEURET.

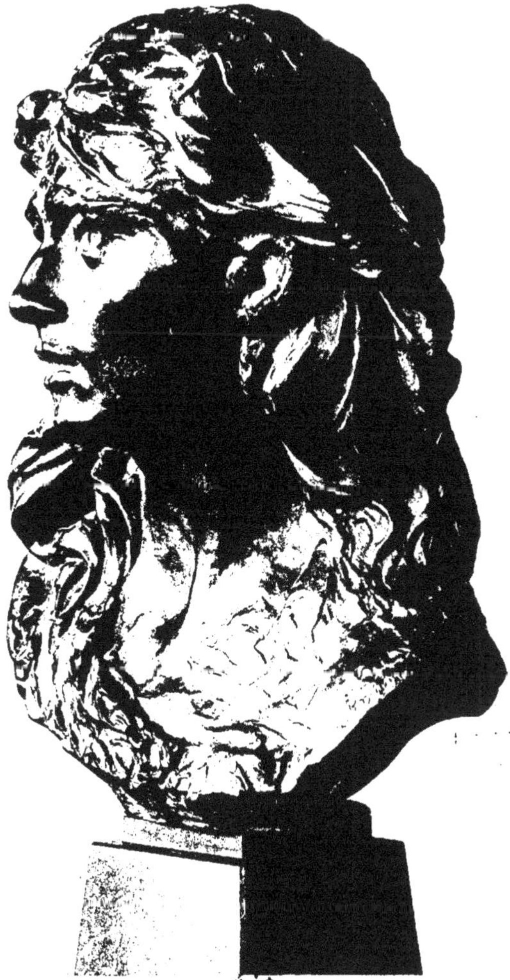

PL. 6. L'AGE D'AIRAIN.
THE BRAZEN AGE
DAS BRONZEZEITALTER
IL SECOHO DI BRONZO.
LA EDAD DE BRONCE.

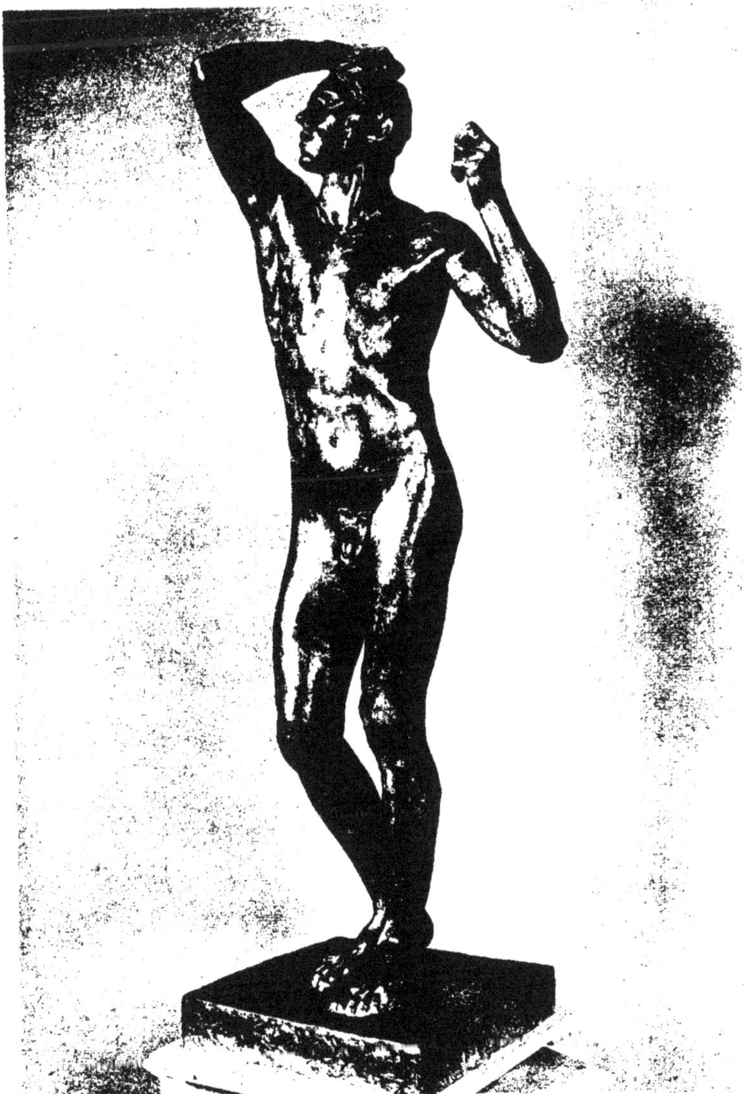

PL. 7. SAINT JEAN-BAPTISTE PRÊCHANT.
JOHN THE BAPTIST PREACHING.
DER HEILIGE JOHANN BAPTIST PRODIGEND.
SANTO GIAN-BATTISTA PREDICANTE.
SAN JUAN-BAUTISTA PREDICANDO

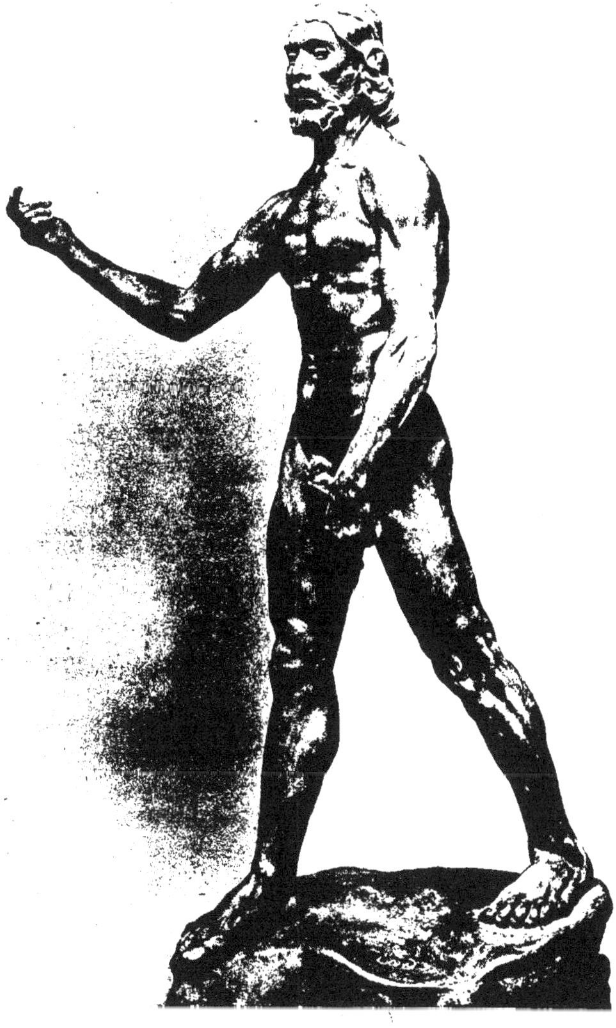

PL. 8. ADAM.
ADAM.
ADAM.
ADAMO.
ADAN.

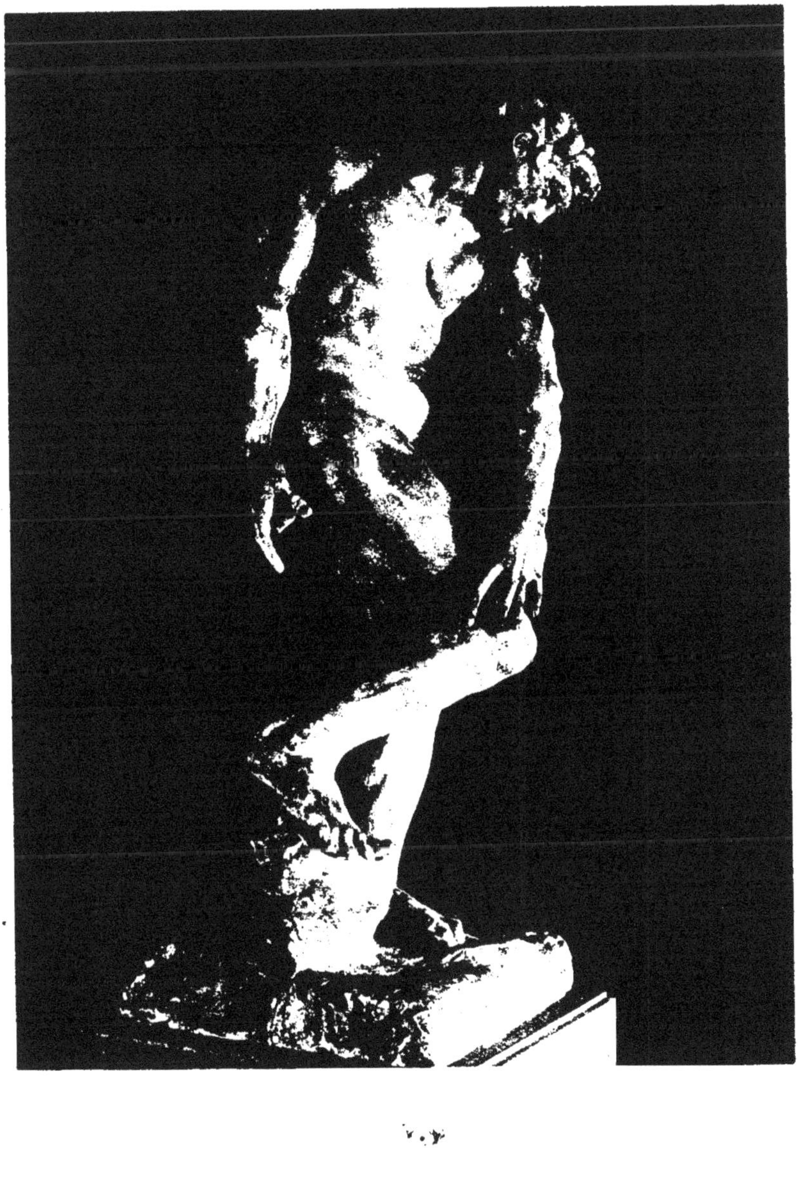

PL. 9. ÈVE.
EVE.
EVA.
EVA
EVA.

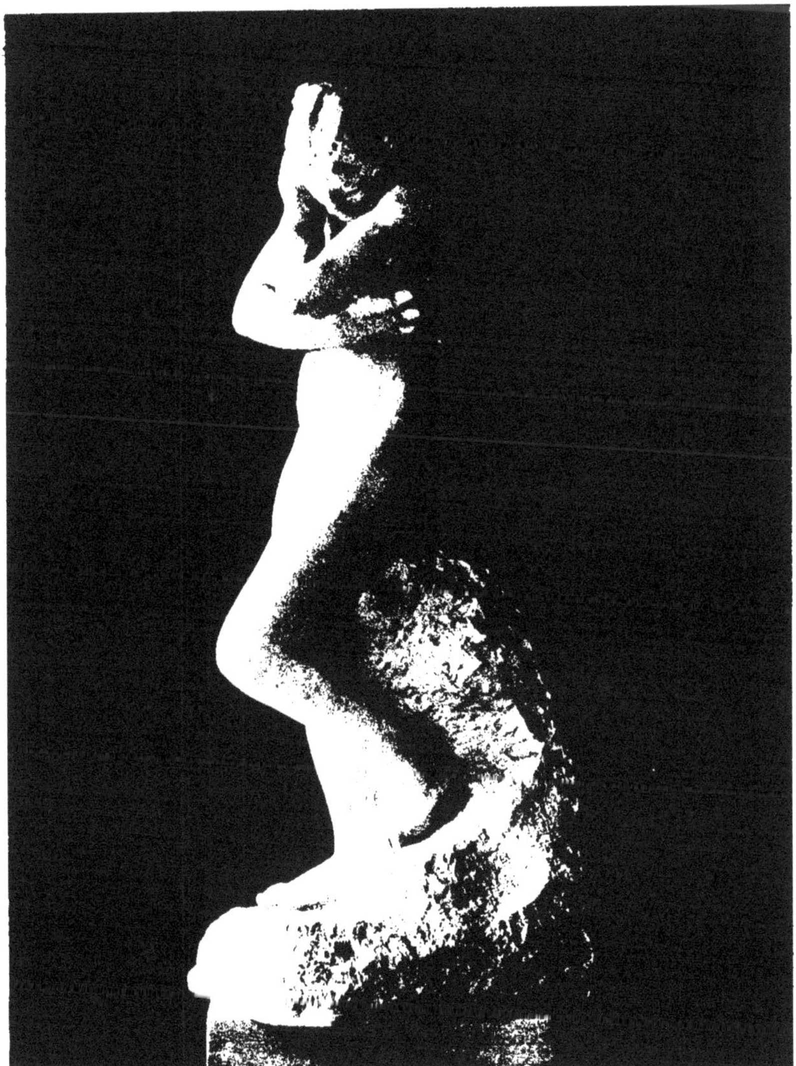

PL. 10. LES BOURGEOIS DE CALAIS.
THE CITIZENS OF CALAIS.
DIE BÜRGER VON CALAIS.
I CITTADINI DI CALAIS.
LOS BURGUESES DE CALAIS.

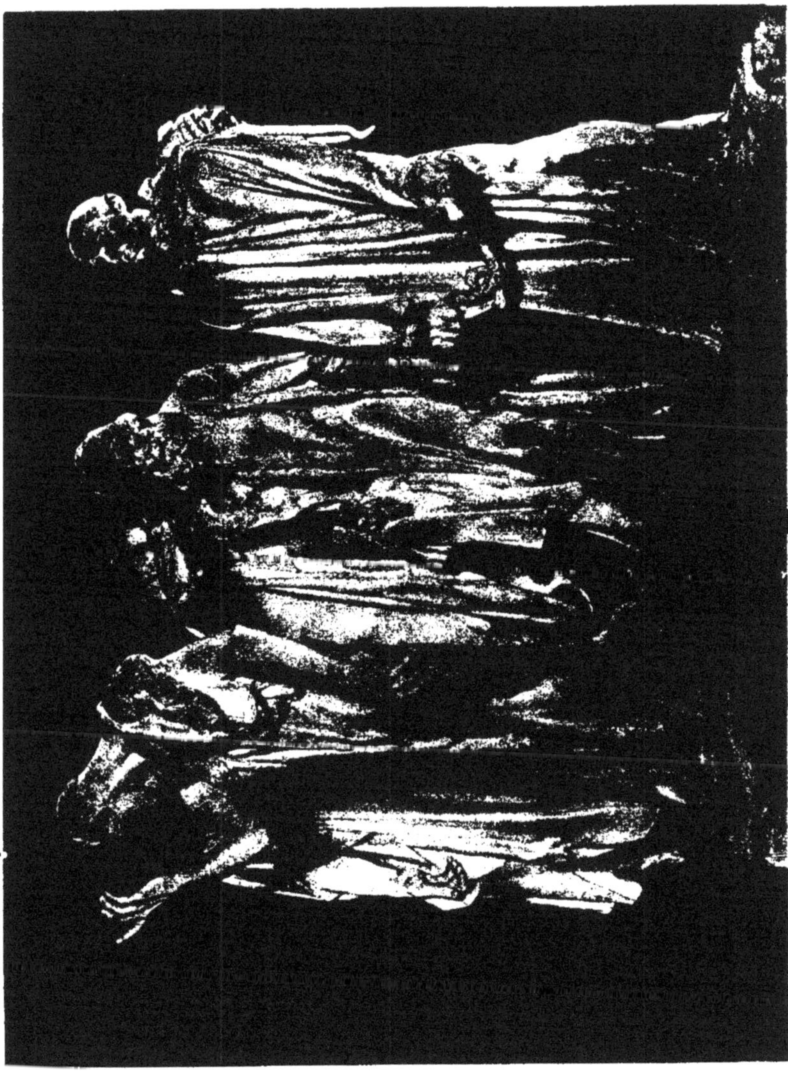

PL. 11. APOLLON TERRASSANT LE SERPENT PYTHON.
APOLLO OVERTHROWING THE SERPENT.
APOLLOS DIE SCHLANGE PYTHON ZERTRETEND.
APOLLINE ATTERRANTE IL SERPENTE PITONE.
APOLO DERRIBANDO LA SERPIENTE PITON.

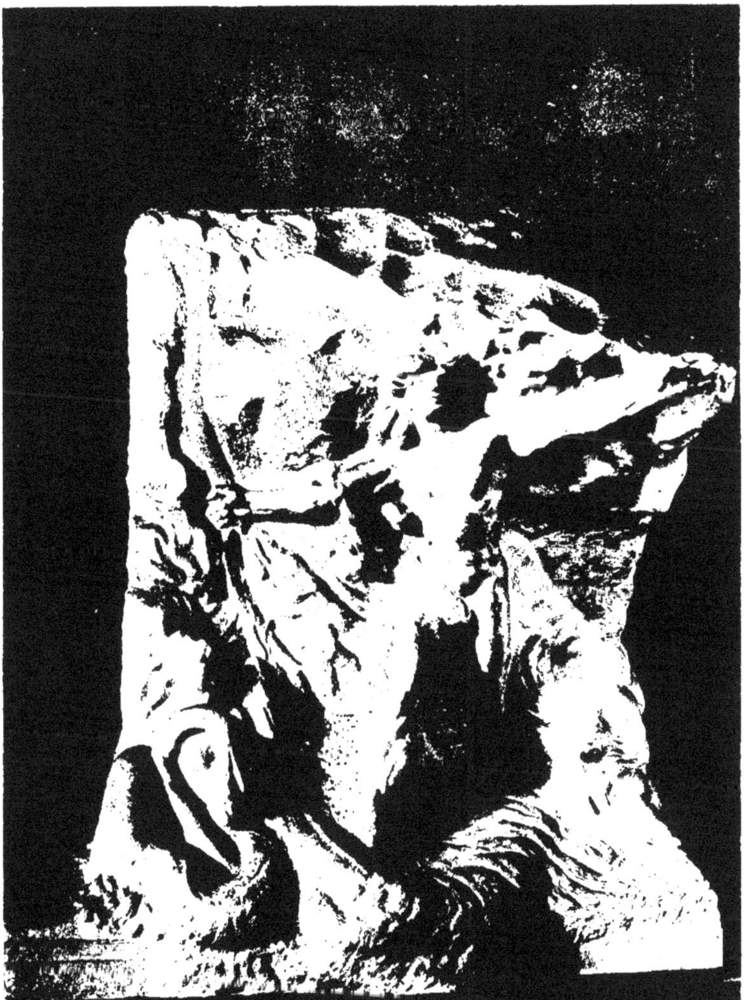

PL. 12. LE PRINTEMPS.
SPRING.
DER FRÜHLING.
LA PRIMAVERA.
LA PRIMAVERA.

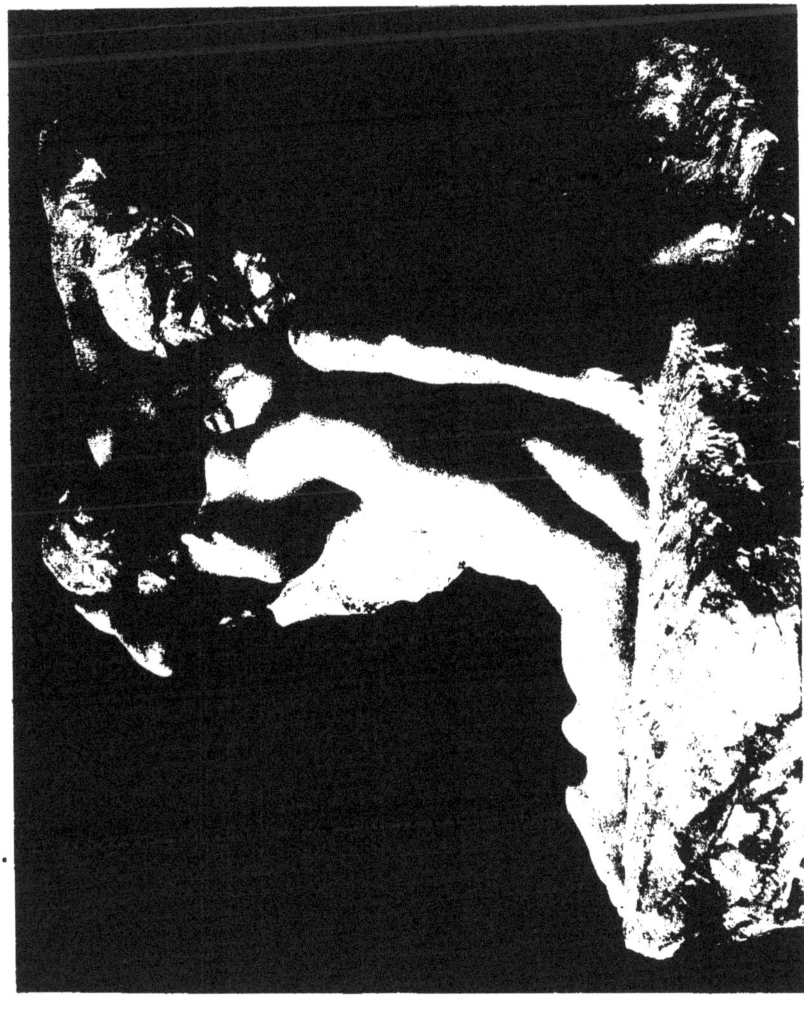

PL. 13. LA DÉFENSE.
DEFENCE.
DIE VERTEIDIGUNG
LA DIFESA.
LA DEFENSA.

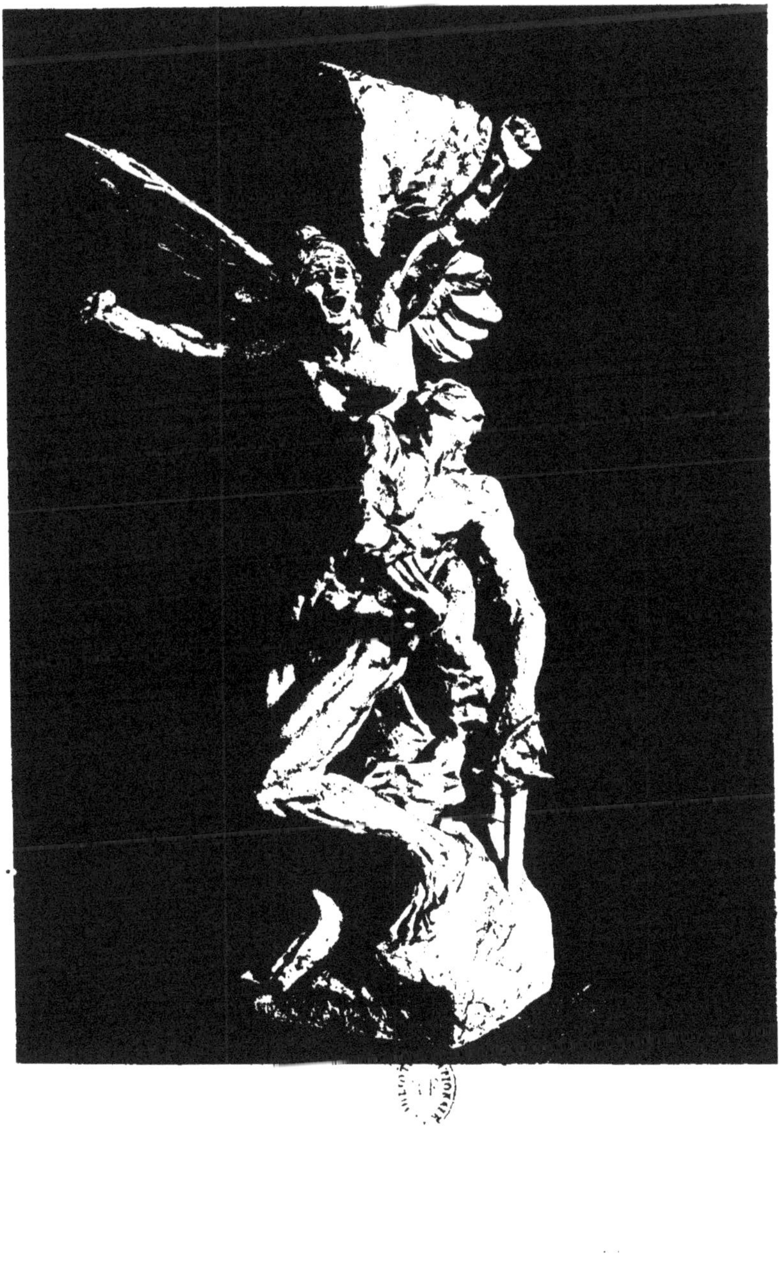

PL. 14. CLAUDE LORRAIN.

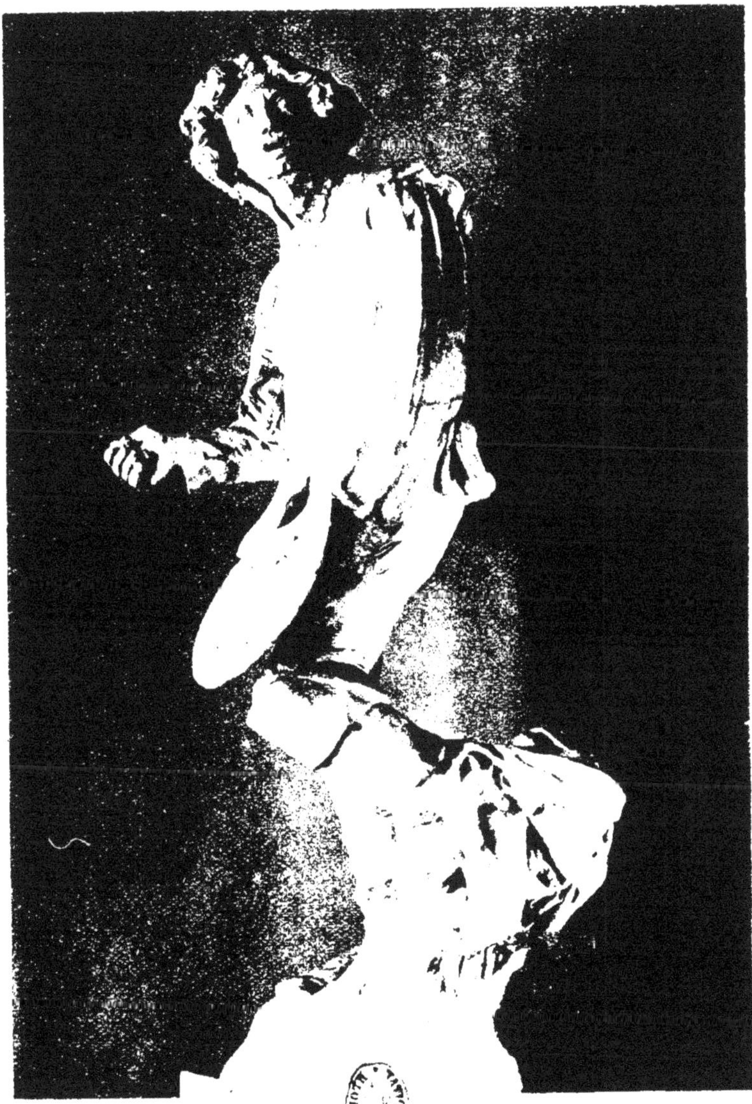

PL. 15. LE BAISER.
THE KISS.
DER KUSS.
IL BAISO
EL BESO.

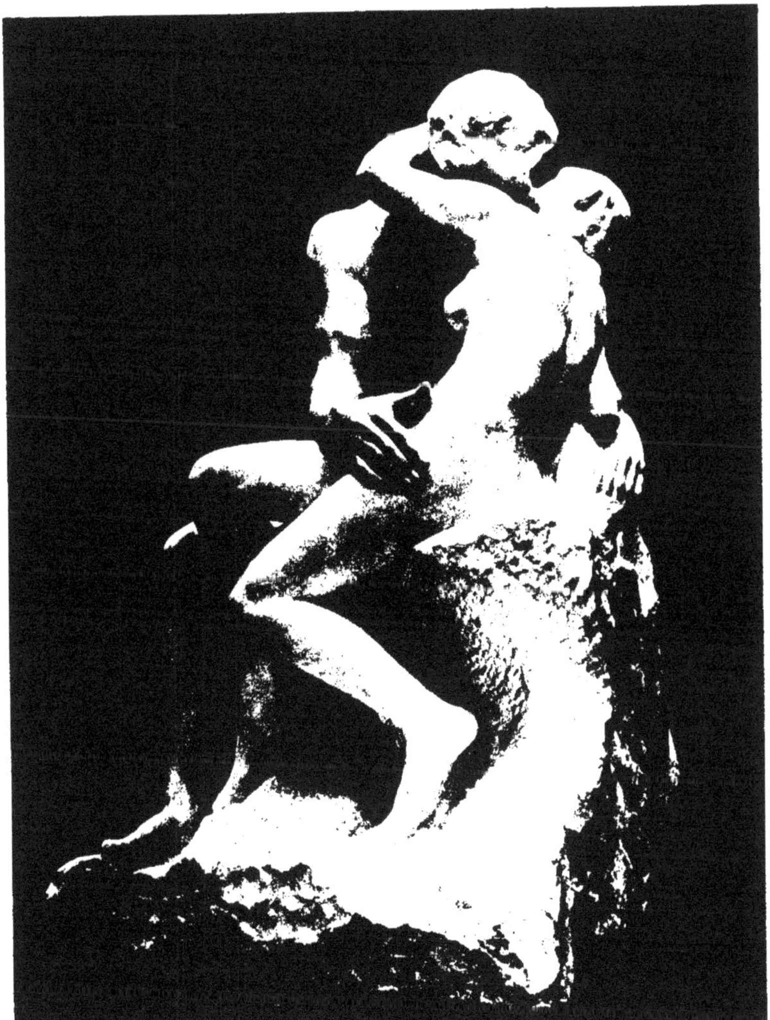

PL. 16. UGOLIN.
UGOLINO.
UGOLIN.
UGOLINO.
UGOLIN.

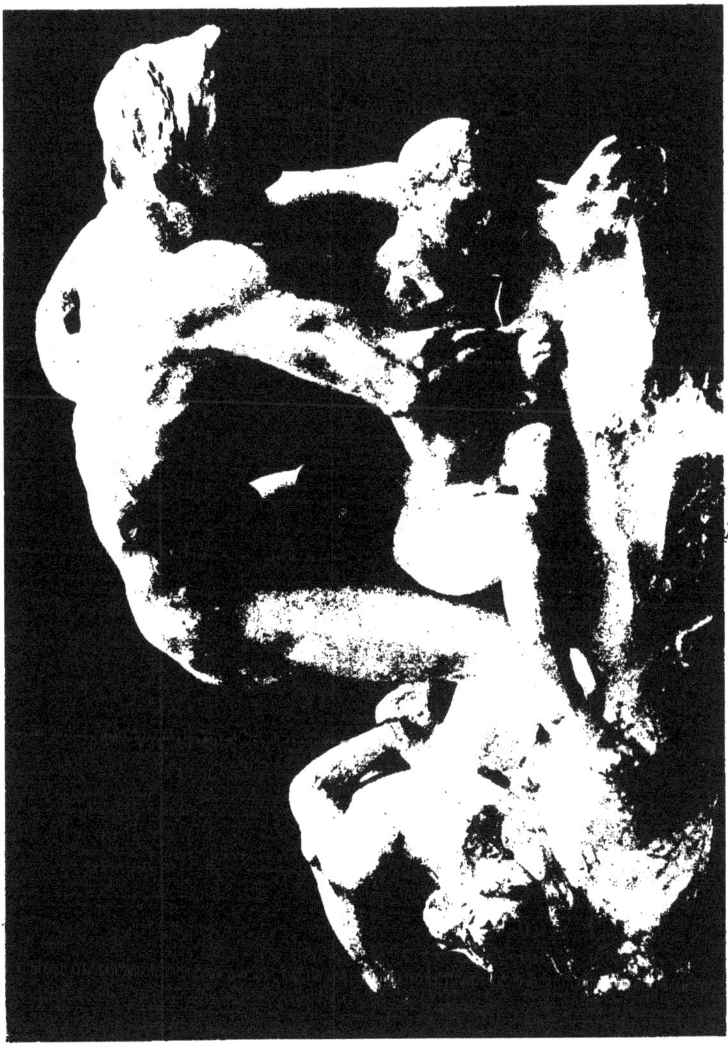

PL. 17. L'ETERNELLE IDOLE.
THE ETERNAL IDOL.
DER EWIGE ABGOTT.
L'ETERNA IDOLO.
EL ETERNO IDOLO.

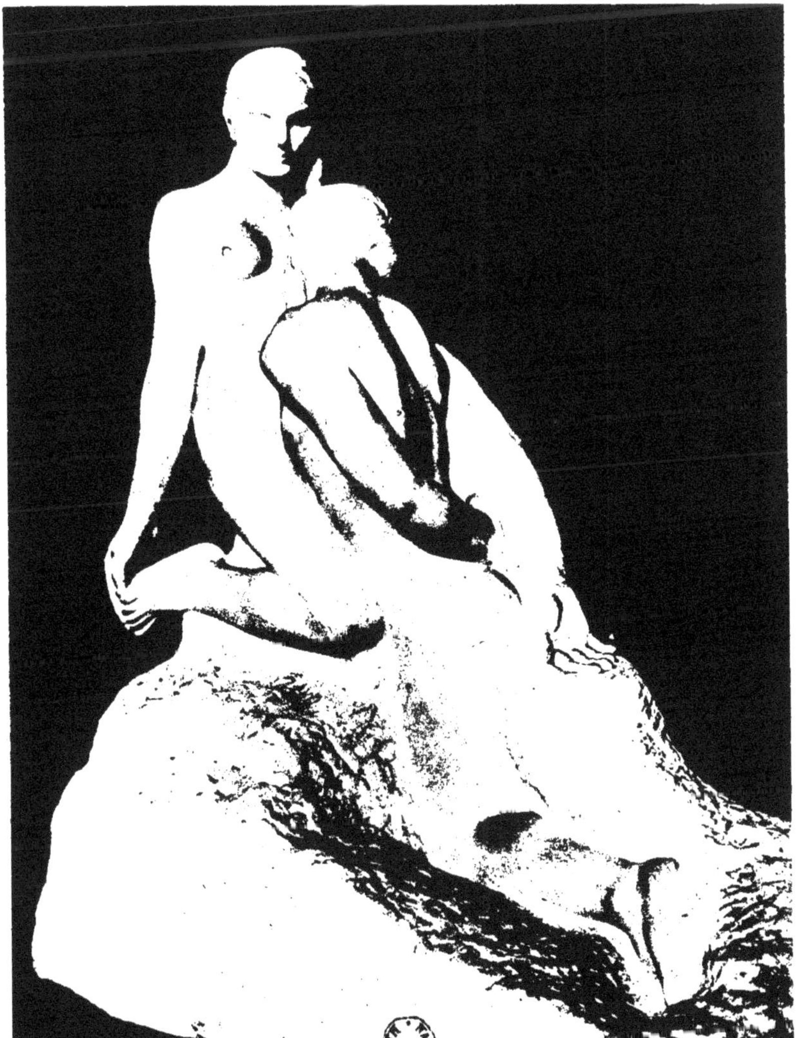

PL. 18. LA PORTE DE L'ENFER.
THE GATE OF THE INFERNAL REGIONS.
DIE PFORTE DER HÖLLE.
LA PORTA DELL'INFERNO.
LA PUERTA DEL INFIERNO.

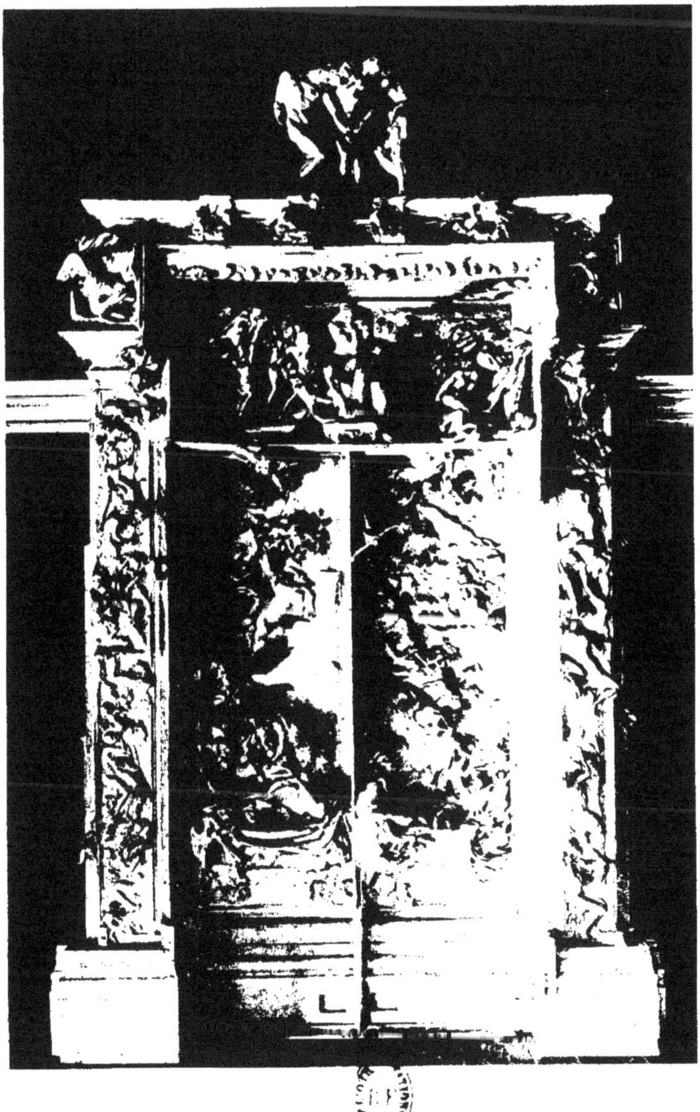

PL. 19. CARIATIDE.
A CARYATID.
CARIATIDE.
CARIATIDE.
CARIATIDA.

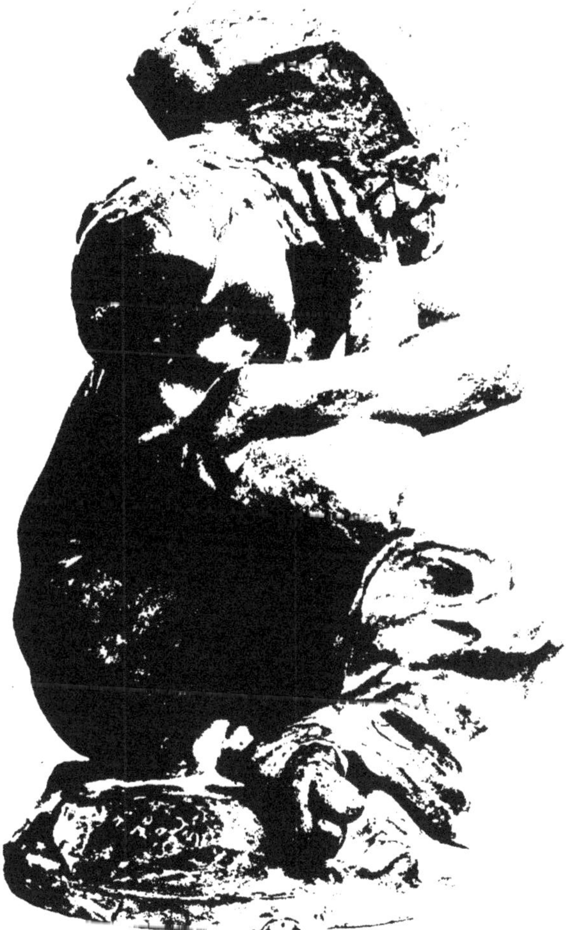

PL. 20. LA MAIN DE DIEU.
GOD'S OWN HAND.
DIE HAND GOTTES.
LA MANO DI DIO.
LA MANO DE DIOS.

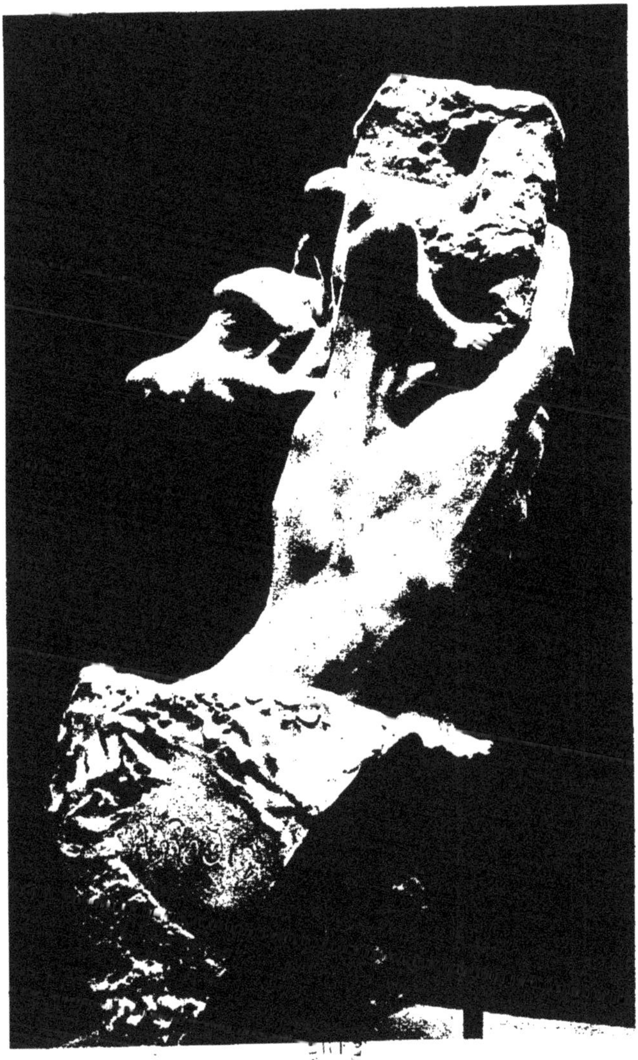

PL. 21. BALZAC.

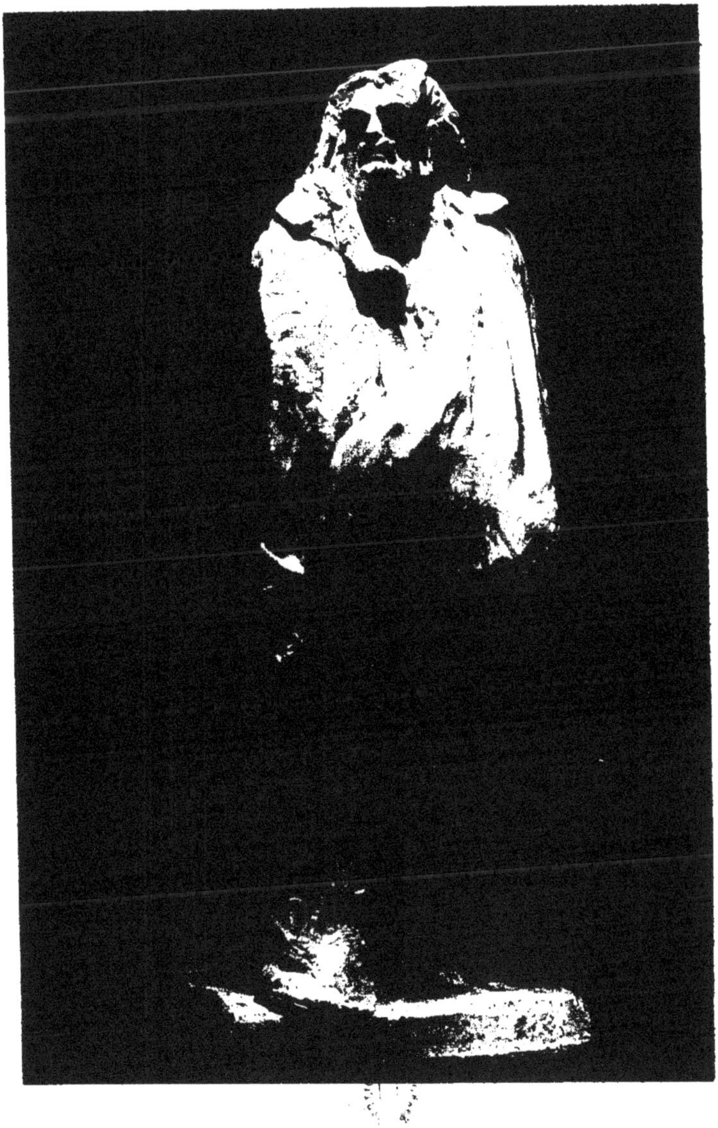

PL. 22. Mme VICANHA

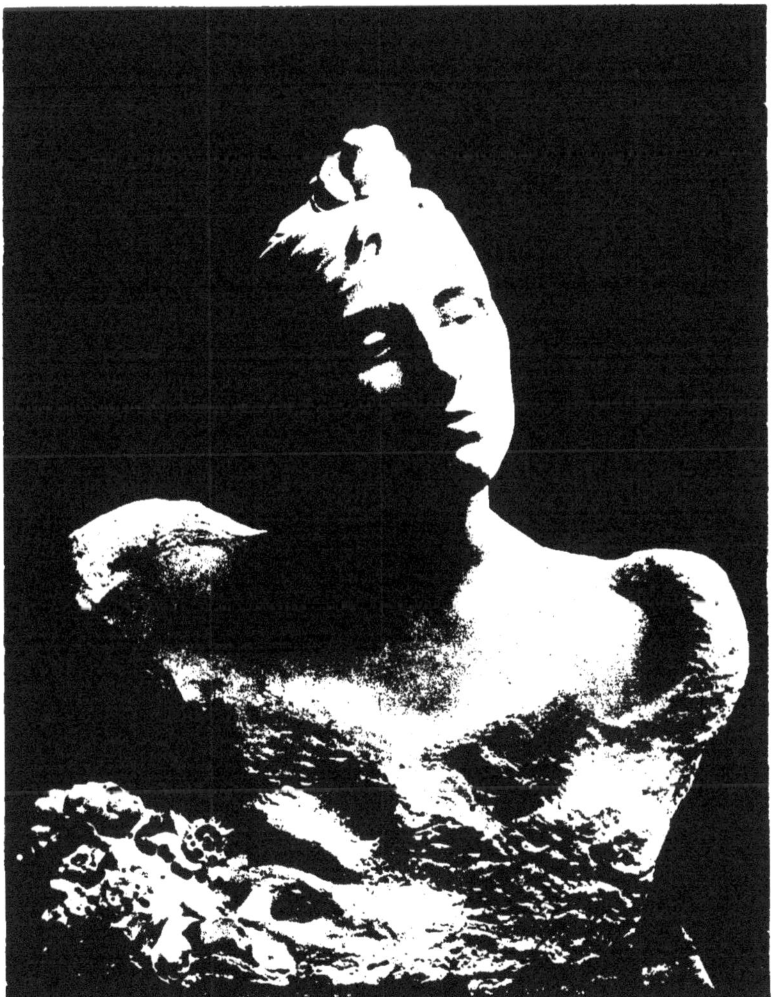

PL. 23. LE PENSEUR.
THE THINKER.
DER DENKER.
IL PENSATORO.
EL PENSAUOR.

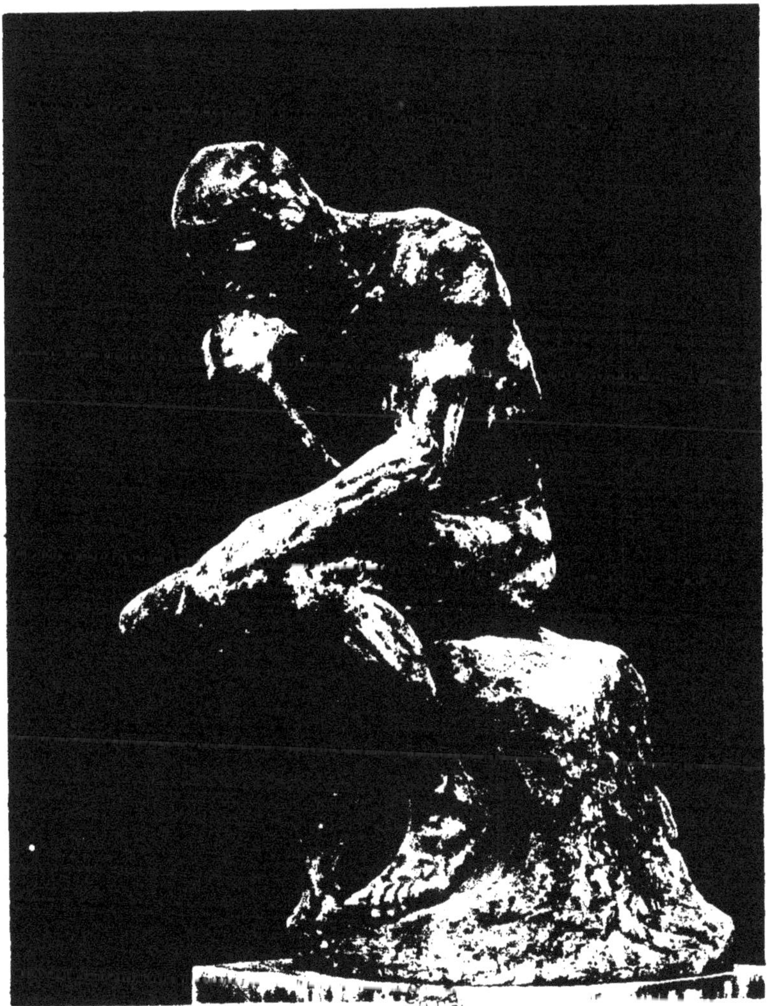

PL 24 DALOU.

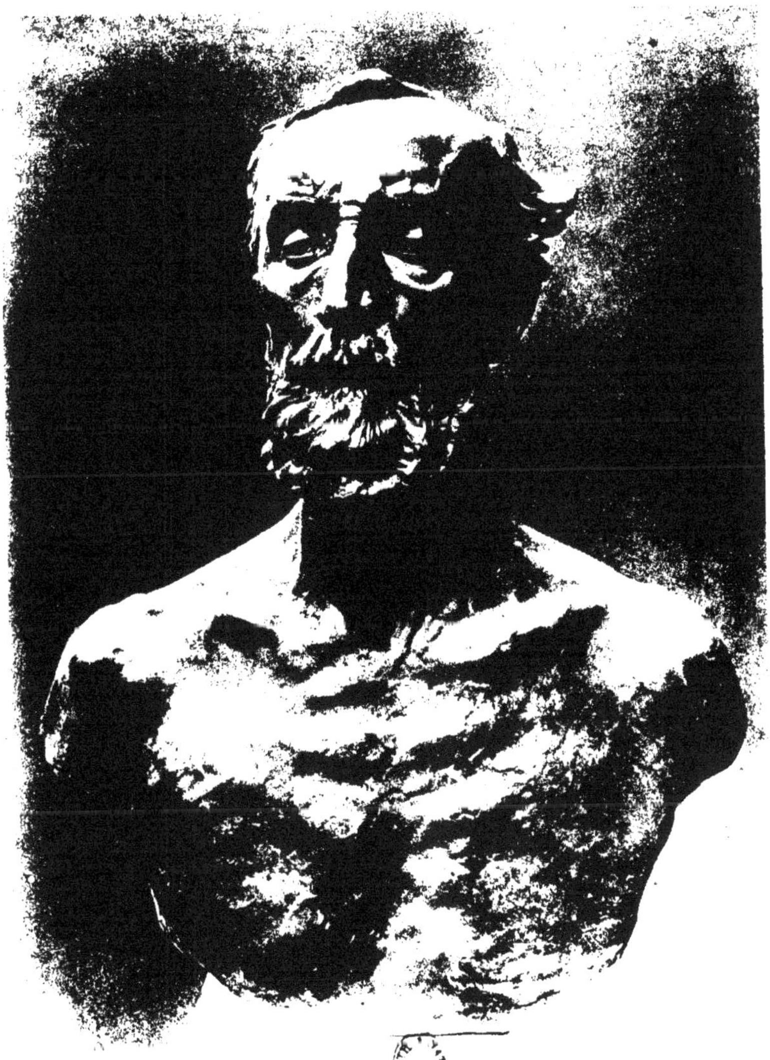

PL. 25. PUVIS DE CHAVANNES

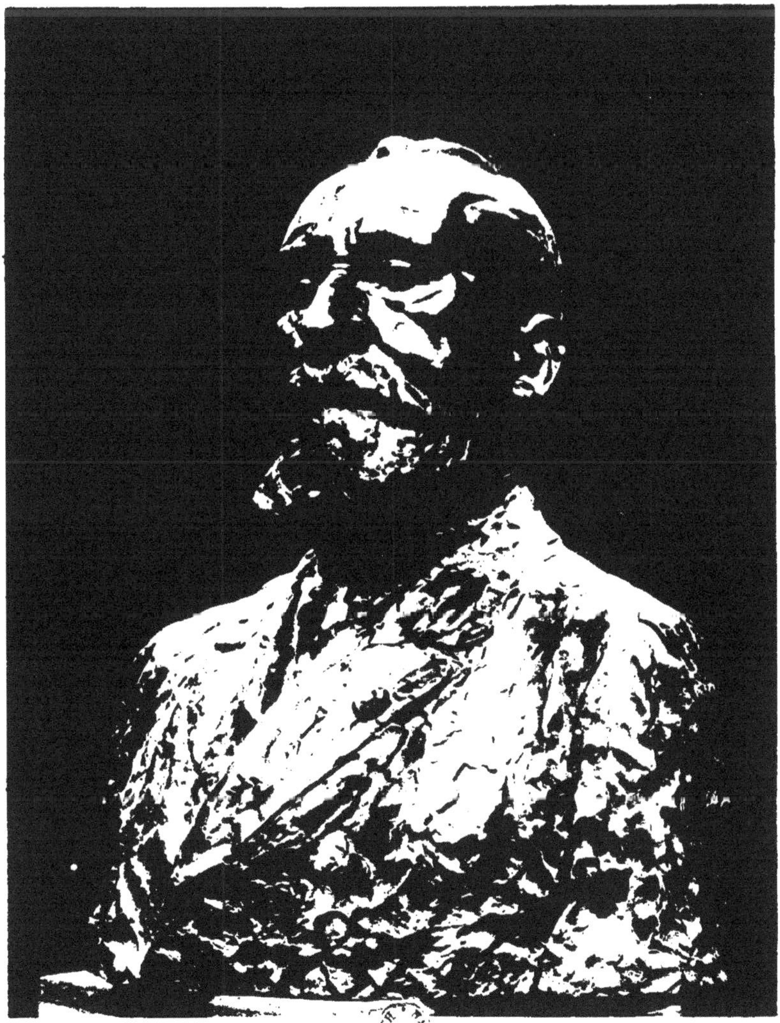

PL. 26 DANAÏDE.
A DANAID.
DANAÏDE.
DANAÏDE.
DANAIDA.

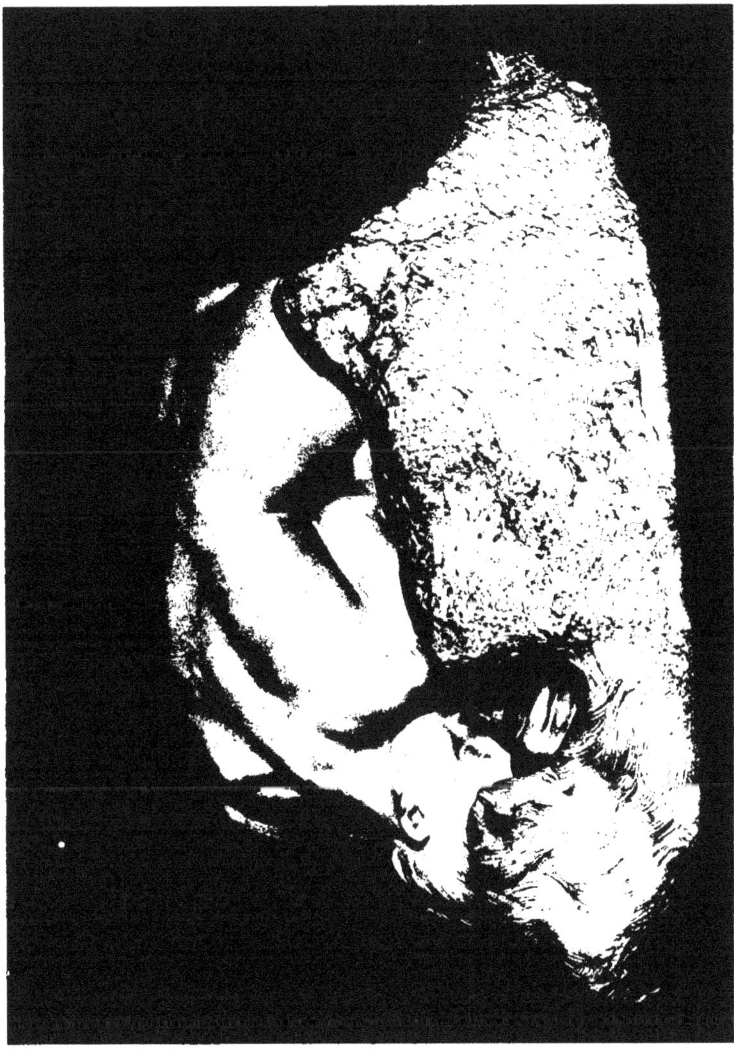

PL. 27. LES BÉNÉDICTIONS.
BLESSINGS.
SEGEN.
LE BENEDIZIONI.
LAS BENDICIONES.

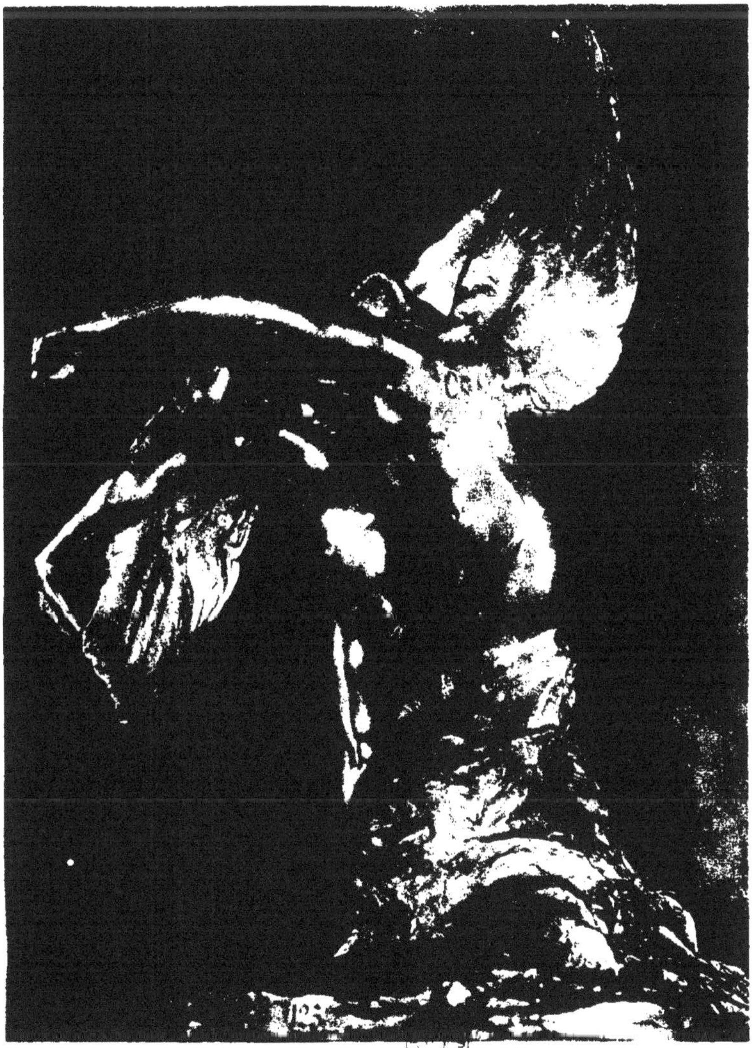

PL. 28. FRÈRE ET SŒUR.
BROTHER AND SISTER.
BRUDER UND SCHWESTER.
FRATELLO E SORELLA.
HERMANO Y HERMANA.

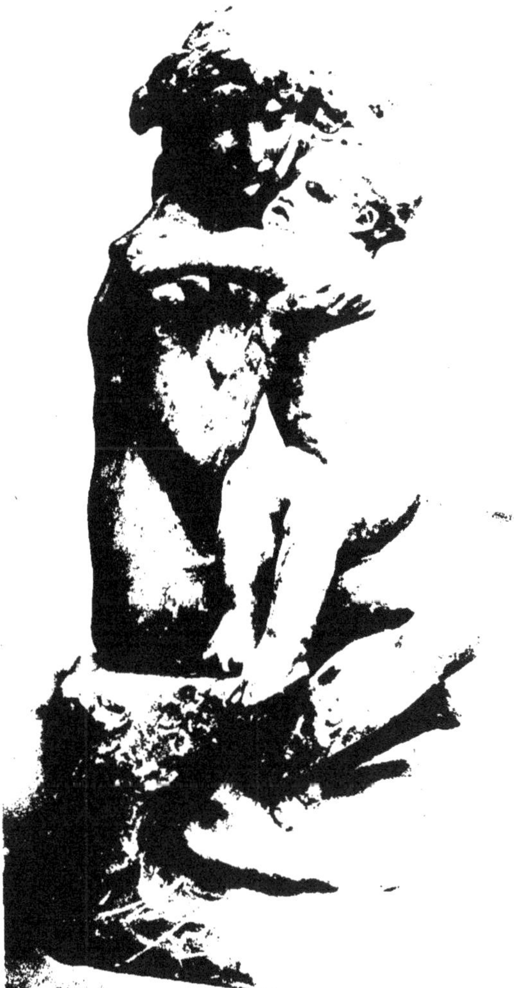

PL. 29. M. CLEMENCEAU

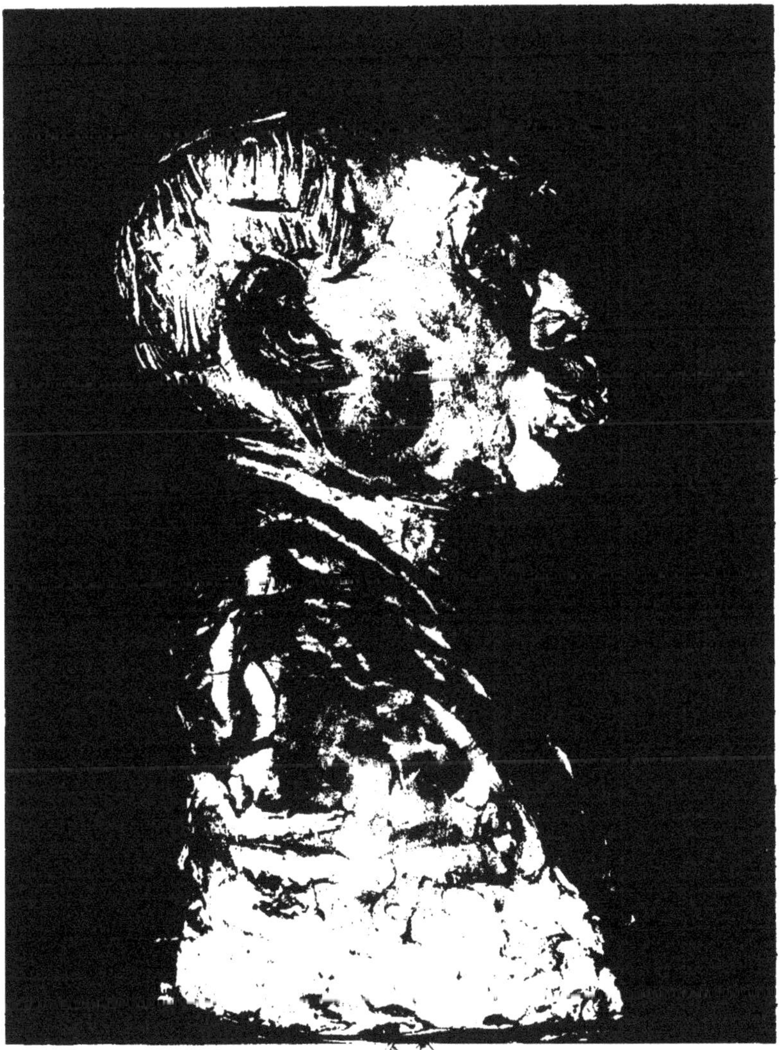

PL. 30. M. CLÉMENTEL.

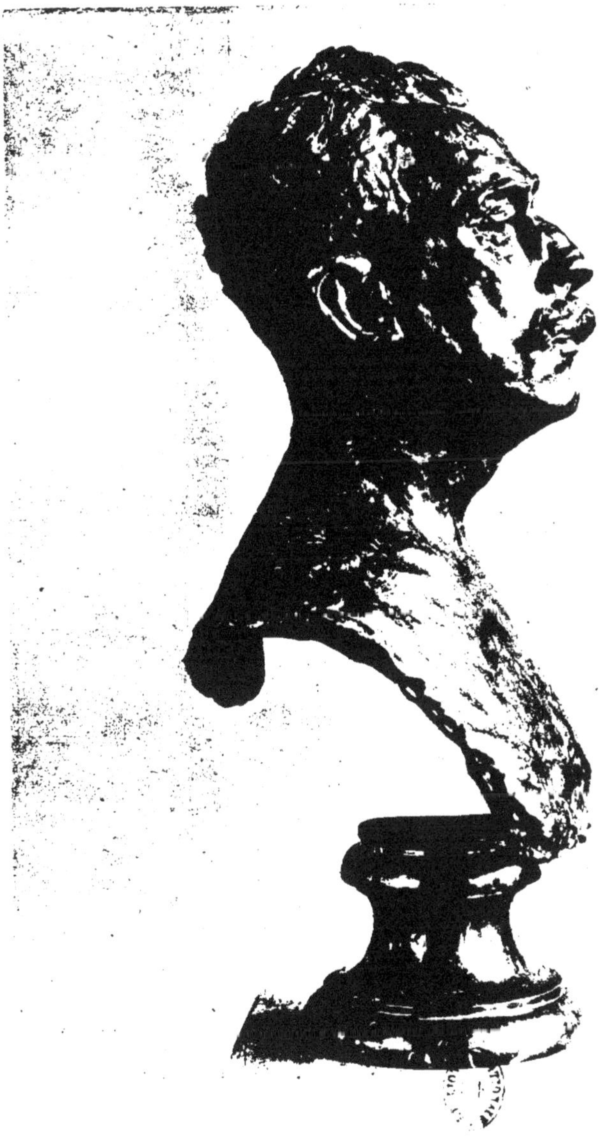

PL. 31. LA PETITE FÉE DES EAUX.
THE LITTLE WATER-SPRITE.
DIE KLEINE WASSERFEE.
LA PÉCCOLA FATA DELLE ACQUE.
LA PEQUENA HADA DAL AGUA.

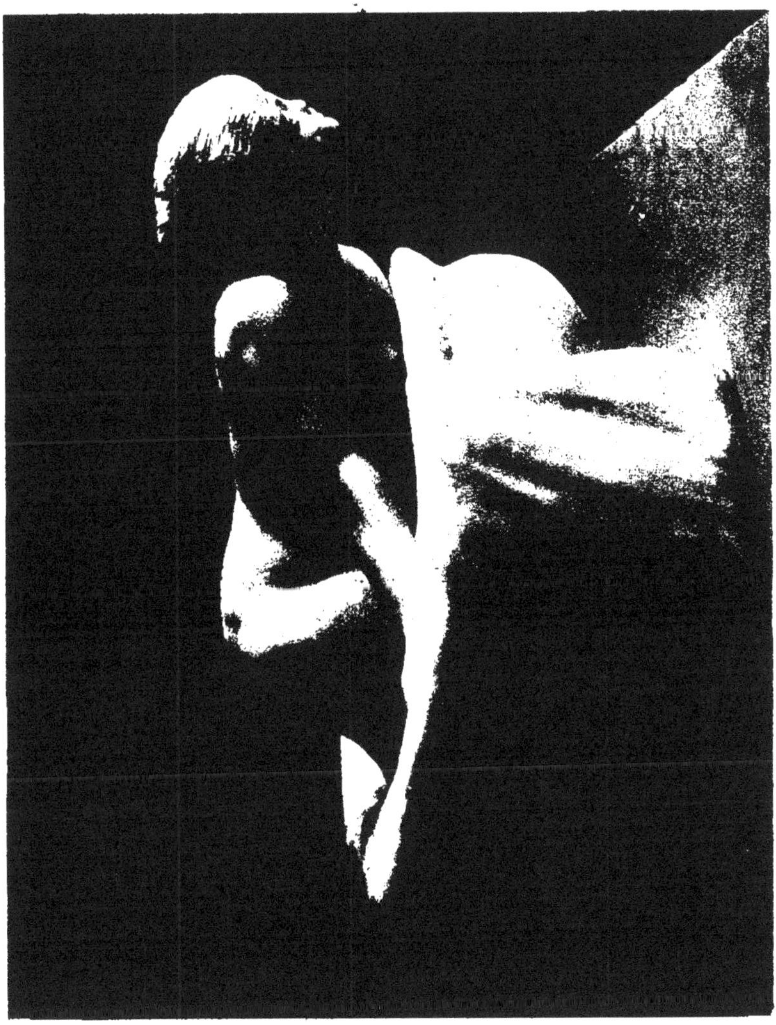

PL. 32. SATYRE ET FAUNESSE
A SATYR AND A SHE-FAUN
SATYR UND FAUNA.
SATIRO E FAUNA.
SATIRO Y FAUNA.

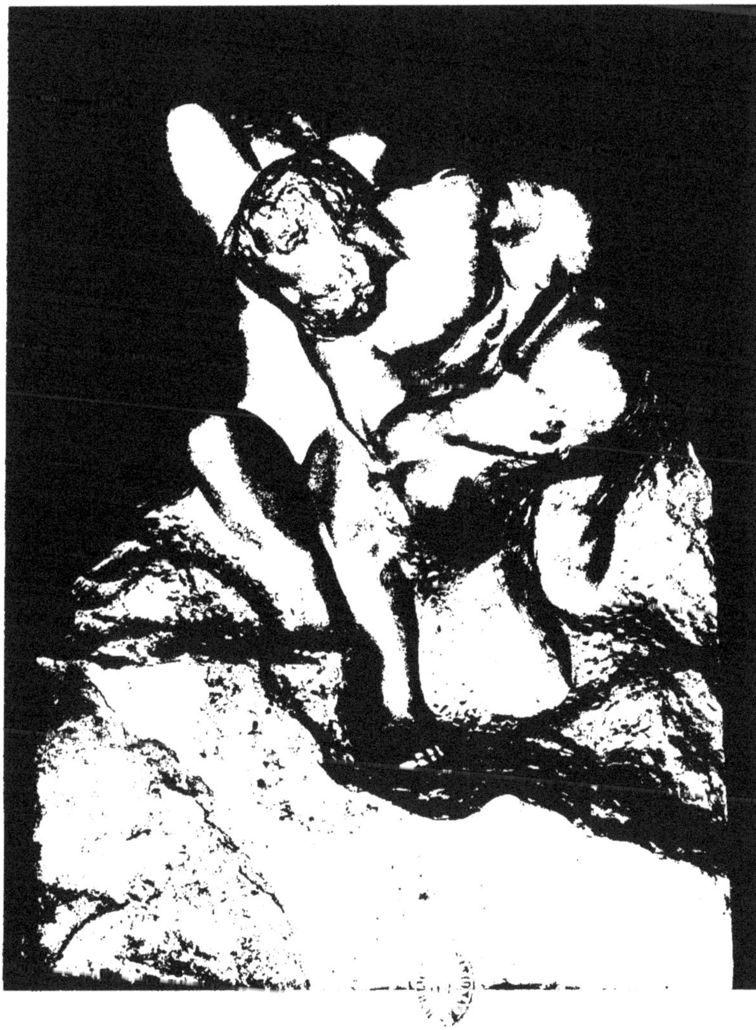

PL. 33. LA PENSÉE.
THOUGHT.
DER GEDANKE.
IL PENSIERO.
EL PENSAMIENTO.

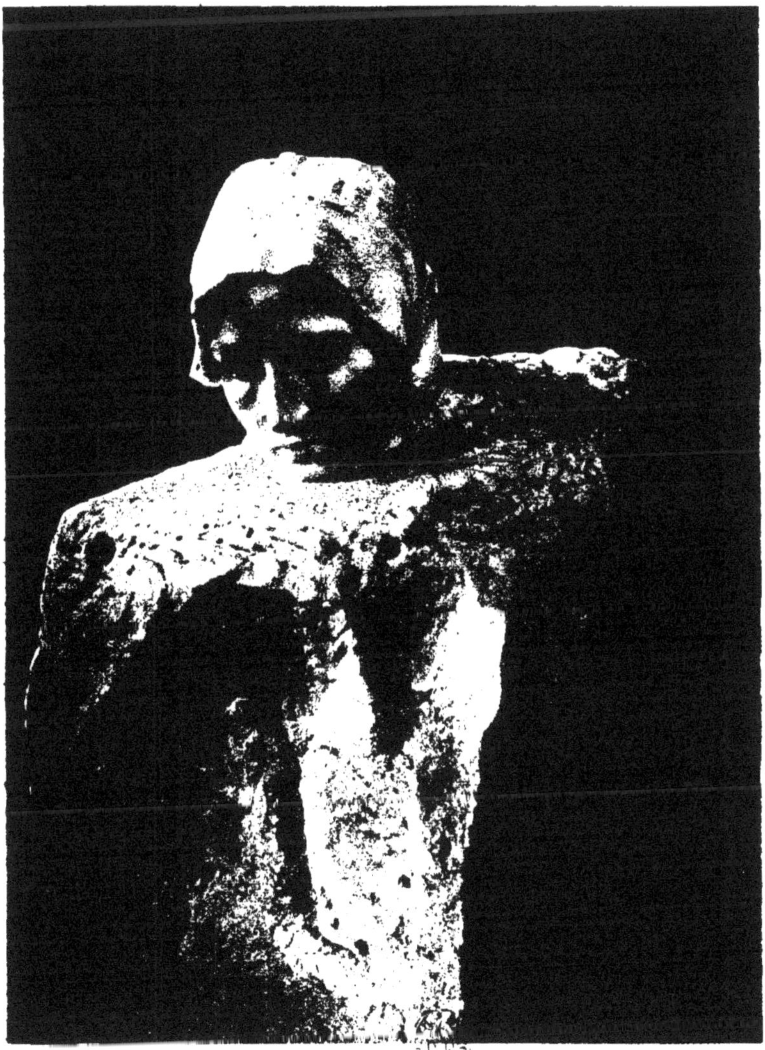

PL. 34. LA PRIÈRE.
PRAYER.
DAS GEBET.
LA PREGHIERA.
LA ORACION.

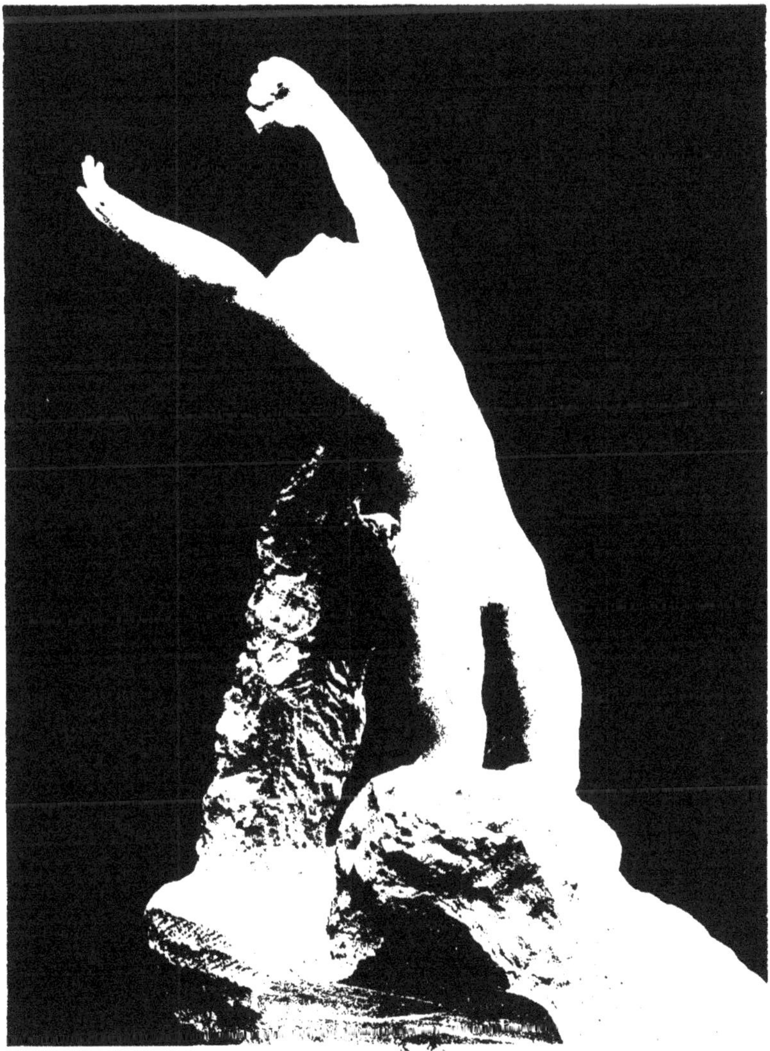

PL. 35. FUGIT AMOR.

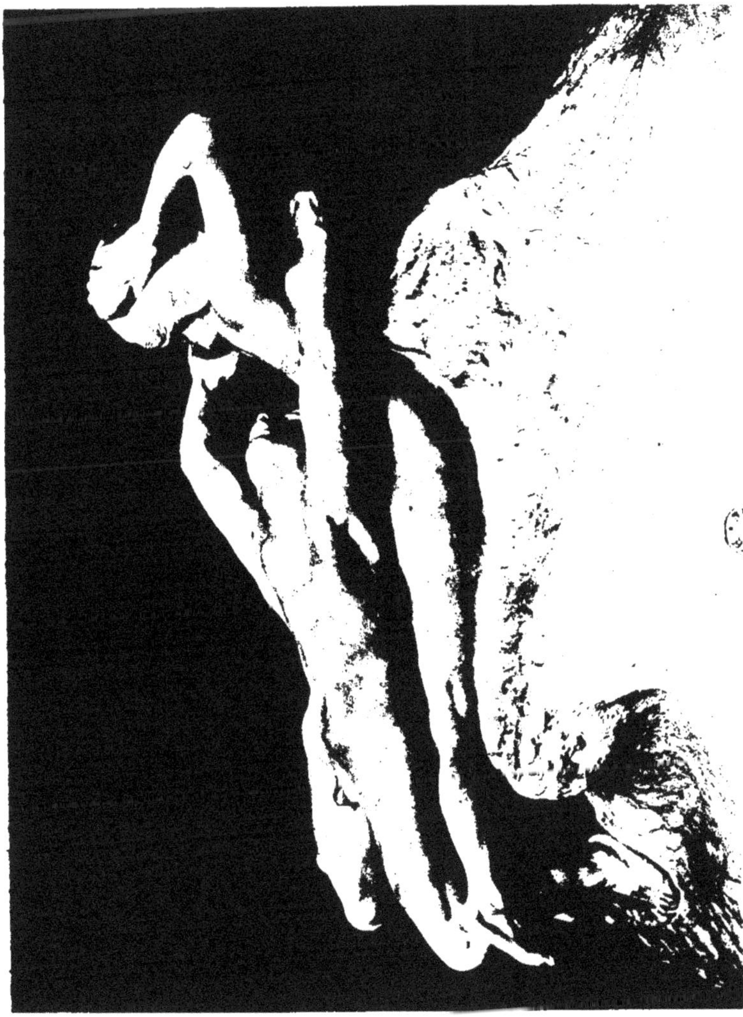

PL. 36. DESSIN POUR LA PORTE DE L'ENFER.
DRAWING FOR THE GATE OF THE INFERNAL REGIONS.
ZEICHNUNG FÜR DIE PFORTE DER HÖLLE.
DISEGNO PER LA PORTA DELL'INFERNO
DIBUJO PARA LA PUERTA DEL INFIERNO.

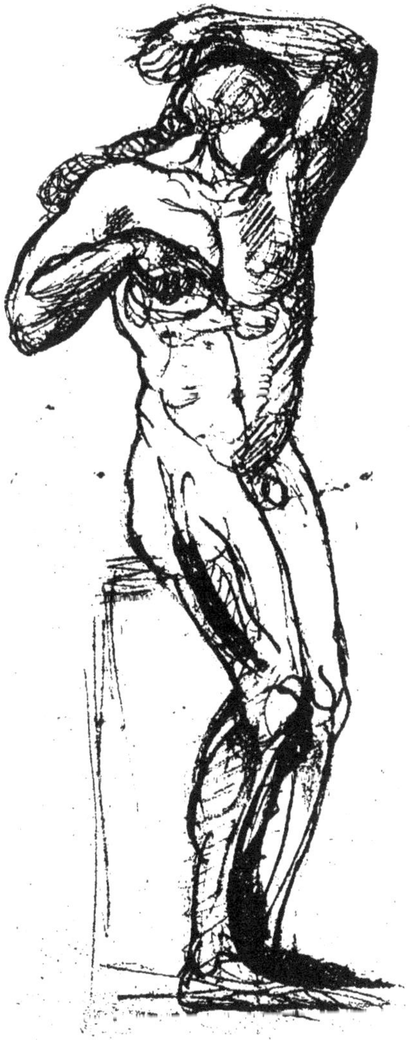

PL. 37. DESSIN POUR LA PORTE DE L'ENFER.
DRAWING FOR THE GATE OF THE INFERNAL REGIONS.
ZEICHNUNG FÜR DIE PFORTE DER HÖLLE.
DISEGNO PER LA PORTA DELL'INFERNO.
DIBUJO PARA LA PUERTA DEL INFIERNO.

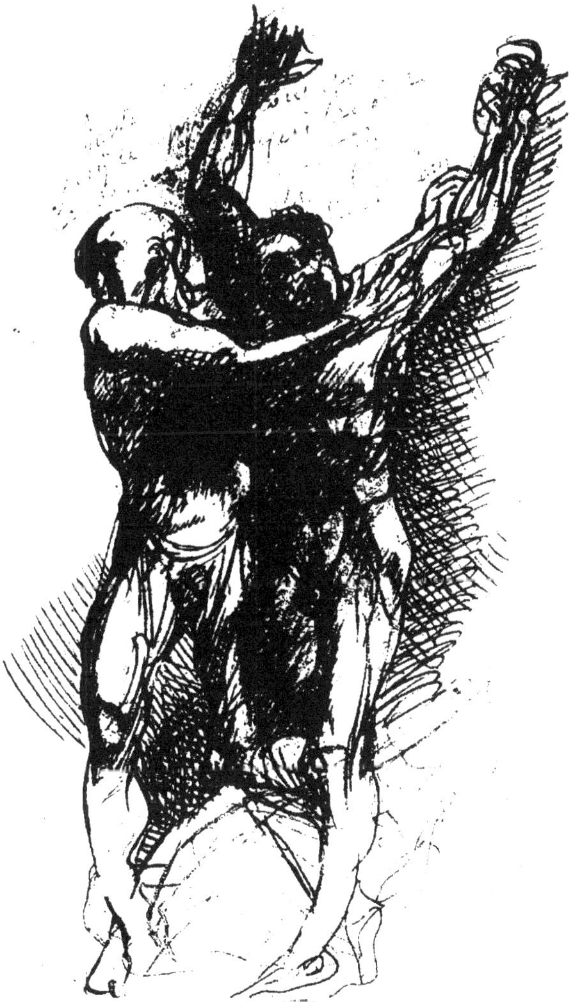

PL. 38. AQUARELLE CAMBODGIENNE.
CAMBODIAN WATER-COLOUR.
CAMBODGER AQUARELLE.
ACQUARELLO CAMBOGIANO.
ACUARALA CAMBODGIANA.

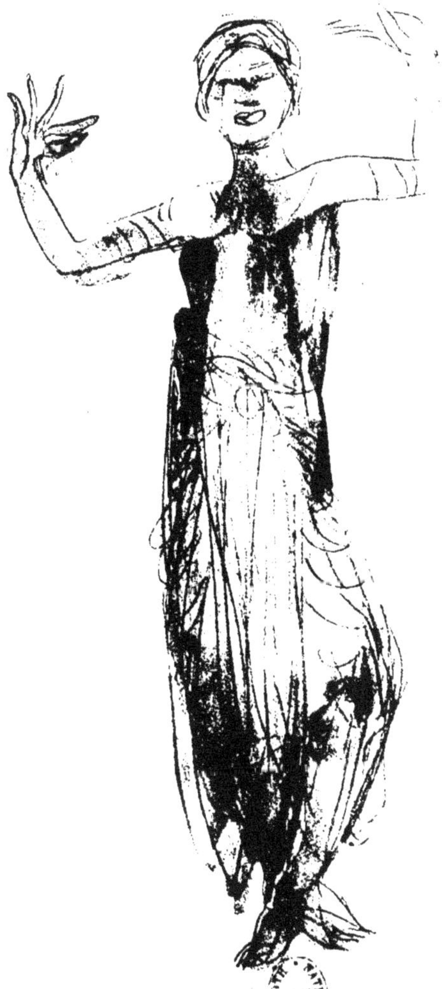

PL. 39. VICTOR HUGO (POINTE SÈCHE).
VICTOR HUGO (DRY-POINT).
VICTOR HUGO (KUPFERSTICH).
VICTOR HUGO (BULINOSECCO).
VICTOR HUGO (LAPIZ DURO).

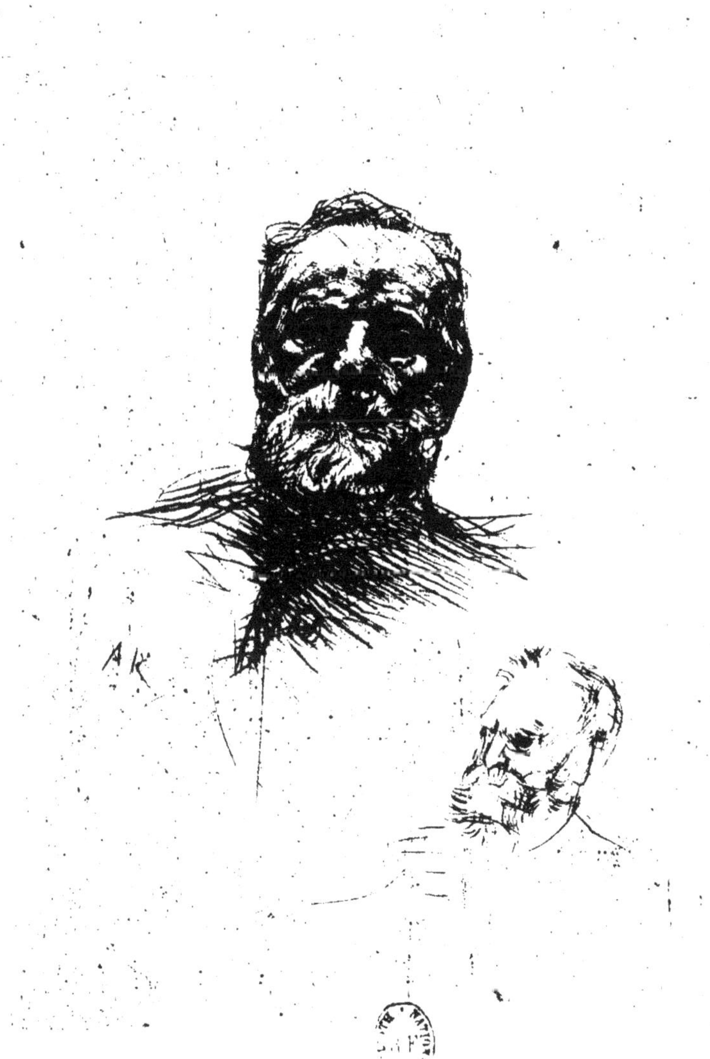
AK

PL. 40. BELLONE (EAU-FORTE).
BELLONA (ETCHING).
BELLONE (RADIERUNG).
BELLONA (ACQUA FORTE).
BELONA (AGUA FUERTE).

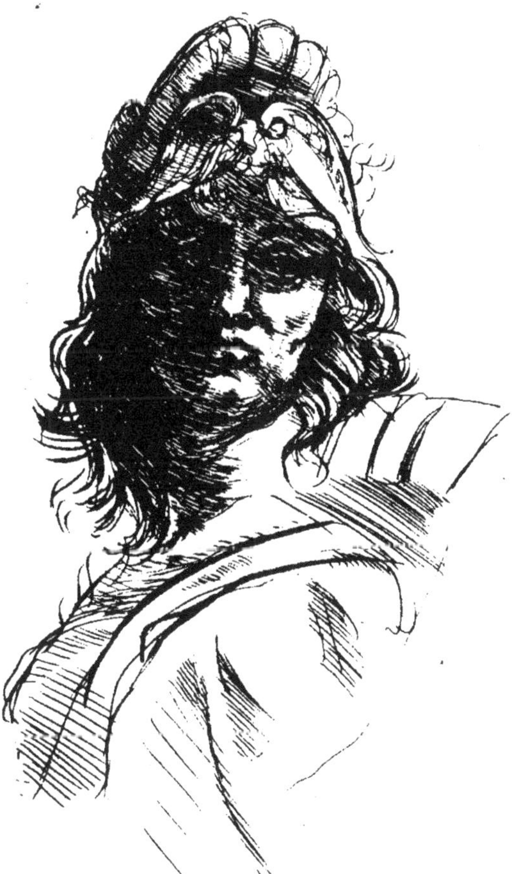

www.ingramcontent.com/pod-product-compliance
Ingram Content Group UK Ltd.
Pitfield, Milton Keynes, MK11 3LW, UK
UKHW031911260826
14628UKWH00003B/1125

9 782329 613802